Malcolm MacPherson
Amys Reise

Die dramatische Rettung eines jungen Elefanten

Aus dem Amerikanischen von
Barbara Heller

Mit 30 Farbfotos

Ein **MALIK** Buch

Piper München Zürich

Ungekürzte Taschenbuchausgabe
Januar 2003
© 2001 Malcolm MacPherson
Titel der amerikanischen Originalausgabe:
»The Cowboy and his Elephant«, St. Martin's Press,
New York 2001
© der deutschsprachigen Ausgabe:
2001 Piper Verlag GmbH, München,
erschienen im Verlagsprogramm Malik
Umschlag/Bildredaktion: Büro Hamburg
Isabel Bünermann, Julia Martinez/
Charlotte Wippermann, Katharina Oesten
Foto Umschlagvorderseite: Manoj Shah
Satz: Satz für Satz. Barbara Reischmann, Leutkirch
Druck und Bindung: Clausen & Bosse, Leck
Printed in Germany   ISBN 3-492-23743-6

www.piper.de

INHALT

»Es gibt Gut und Böse. Du hast die Wahl. Tust du das eine, lebst du. Tust du das andere, läufst du vielleicht herum, aber du bist tot wie ein Biberhut.«

John Wayne

*Die Elefantenkuh, die dem Abschuß entgeht, wird »die Ge-
schichtenerzählerin« genannt.*

*Sie erzählt den anderen Elefanten von Gutem und Bösem,
das sie und ihresgleichen von den Menschen erfahren haben,
und sie bewahrt diese Wahrheiten für immer in ihrem Herzen. Und am Ende geht ihre Geschichte in die große Bilanz
ein. Sie ist alt und weise und majestätisch, und ihre Worte
wiegen schwer am Tag des Jüngsten Gerichts.*

So glauben es die Elefantenjäger in Afrika. Einer
von ihnen, ein alter Mann, faßt seine Furcht in Worte.
Ehrfürchtige Scheu, ein Hauch Unbehagen und etwas
Drängendes schwingen in seiner Stimme mit, als er
nach Sonnenuntergang am Lagerfeuer erzählt: »All die
Jahre, wenn wir eine Herde jagten, wußten wir, daß uns
kein Elefant entkommen darf, nicht einer! Geschieht es
doch, verfolgen wir ihn bis ans Ende unserer Tage, koste
es, was es wolle! Er darf den anderen Elefanten nicht
erzählen, was er gesehen hat. Elefanten reden mit-

einander. Ja! Wir wissen es. Wir wissen es, weil wir sie jagen, und wir jagen sie seit Menschengedenken. Keiner darf je lebend entkommen. Glaubt mir! Es ist wahr. Es gibt die Geschichtenerzählerin wirklich.«

KAPITEL EINS

Amys erste Schritte

Was der alte Jäger weiß, ist Legende: Im ganzen irdischen Königreich der Tiere gibt es keine engere Bindung als die zwischen weiblichen Elefanten. Sie bleiben mit ihren Müttern bis an deren Lebensende zusammen. Zu allen Zeiten sind sie in Großmutter-Mutter-Tochter-Verbänden über die Ebenen des südlichen Afrika gewandert. Sie leben miteinander und füreinander, keine führt ein erkennbares Einzeldasein. Wird eines der Tiere von den anderen getrennt, verurteilt ein unsagbarer Schmerz es zum Tod im Leben: die Sehnsucht nach der Herde. Nur wenige Elefanten haben über den Verlust und die Einsamkeit triumphiert. Einer von ihnen wurde im Frühjahr 1988 in dem jungen afrikanischen Staat Simbabwe geboren.*

---

* Über das Leben des Elefanten vor dem Abschuß ist nichts bekannt. Dieses Kapitel stützt sich auf Elefantenforschungen in jener Region Afrikas.

Die Mutter kauerte sich in den letzten Wehen auf die Hinterbeine, und ihre Flanken hoben und senkten sich unter der Last. Unter Brüllen und gewaltigem Keuchen und Stöhnen stieß sie das Kleine aus ihrem Leib, mit dem Hals voran. Den Kopf hatte es wie ein Turmspringer zwischen die langen Vorderbeine eingezogen. Mit einem leisen Plumps fiel das hellgraue Bündel zu Boden und lag dann reglos in der durchsichtigen Fruchthülle. Die anderen Elefanten betrachteten es neugierig.

Die Mutter erschauerte und tat einen tiefen, erleichterten Seufzer. Sie streckte den Rüssel aus und half dem Baby aus der Hülle, die zweiundzwanzig Monate lang seine Welt gewesen war. Von seinem Instinkt gedrängt, mühte es sich auf die unbeholfenen Beine. Es rutschte auf der vom Fruchtwasser aufgeweichten Erde aus und rappelte sich wieder hoch, konnte sich aber nicht aufrecht halten. Erschöpft vom Aufstehen, Fallen und wieder Aufstehen, versuchte es ein letztes Mal, sich aufzurichten. Seine Tanten, wie die älteren Elefantenkühe genannt werden, eilten herbei, um es zu stützen. Mit dem spitzen Finger ihres Rüssels berührten sie es sanft.

Dann erhob sich ein Grollen und Trompeten, ein Donnern und Stampfen von Elefantenfüßen, Staub wirbelte auf, und die Kühe liefen vor Freude brüllend und kotend im Kreis herum.

Verwandte aus der Herde hörten das festliche Spektakel von fern und kamen herbei. Die Bullen hielten sich abseits, warfen sich mit dem Rüssel roten Staub über den Kopf und brummten einander zu, neugierig, aber distanziert. Im Vorbeigehen beäugten sie die halbwüchsigen Weibchen, doch wie gewöhnlich verloren sie bald das Interesse und lieferten sich kleine Stoßzahngefechte. Riesig und majestätisch warfen sie sich in Pose, forderten einander mit spielerischen Angriffen und wilden Staubkanonaden heraus und wetteiferten darum, wer der Bessere sei.

Die Weibchen schenkten ihnen keine Beachtung. Sie kümmerten sich mit solch herzerwärmender Fürsorglichkeit, wie man sie in der Natur nur irgend findet, um das Baby. Die Geburt machte ihnen große Freude – oder was immer Elefanten empfinden, wenn ihre Welt sich eine Zeitlang um ein Neugeborenes dreht. Dahinter verbarg sich wohl ein noch tieferes, ein geheimnisvolles, einzigartiges Gefühl, wie es nur weibliche Säugetiere kennen. In dieser engen Gemeinschaft war es ihrer aller Kalb, als sei es ihrem kollektiven Schoß entsprungen. Es war eine neue Cousine, Enkelin und Nichte, und zugleich war es für jede Elefantenkuh im gebärfähigen Alter allein ihr Kind.

Und was für ein Neuankömmling es war! Frisch, glänzend und noch schwankend, geblendet von der grellen afrikanischen Sonne, spähte es zwischen den Beinen seiner Mutter hervor und stieß sein erstes »Pra-pra« aus, den zarten Laut des Neugeborenen, der »Ich habe Hunger« bedeutet. Seine Mutter beruhigte es mit einem Kollern, das tief aus ihrem Inneren kam, und aus ihren Zitzen tropfte duftende weiße Milch.

Das Kalb, ein normales und sogar schön zu nennendes Baby, maß bis zu den Schultern sechzig Zentimeter und wog knapp achtundsechzig Kilo. Seine Haut war von einem matten, bläulichen Grau (hellrosa hinter den Ohren) und schlug Falten um die Knie, unter dem Schwanz und an den Schenkeln der Hinterbeine wie eine zu große Hose. Die Haare auf seinem Kopf, eine krause weinrote Kappe, verliehen ihm einen verwirrten, schläfrigen Ausdruck, als hätte die Unannehmlichkeit der Geburt es aus einem wunderschönen Traum gerissen. Im Schatten der mütterlichen Flanke erkundete es mit zweifelnder Miene die eigene Existenz.

Es schwenkte seinen Rüssel wie eine schwere Last. Ein gereizter Ausdruck trat in seine Augen, als wollte es sagen: »Dieses ... dieses Dingsda an meinem Gesicht, das gehört da nicht hin. Wer's mir gegeben hat, soll's wieder wegnehmen.« Noch beherrschte es nicht die feineren Funktionen und nur wenige der vierzigtausend Muskeln des Rüssels. Ab und zu trat es versehentlich darauf und quiekte vor Schmerz, und beim Saugen an den Zitzen der Mutter war er im Weg. Wenn es schlief, lag er unter seinem Kopf. Alles in allem war er lästig und sollte noch einige Zeit für Verwirrung sorgen.

Die gummiartigen Ohren von der Form einer Landkarte Afrikas flappten nach vorn und erschreckten das Baby. Wozu sie wohl gut waren? Es sah sie am Rand seines Gesichtsfeldes, und wenn ihr Schatten auf den Sand der Kalahari fiel, erschrak es und lief schreiend zu seiner Mutter.

Es stand auf langen, unsicheren Beinen. In den folgenden Wochen beobachtete es, wie die älteren Weibchen in Ruhestellung die Hinterbeine kreuzten, doch wenn es sie nachahmen wollte, fiel es auf die Seite. Seine

Füße trugen es in Richtungen, in die es nicht wollte, als würde es von starken Winden dorthin geweht.

Die dicken Vorderbeine waren wie unförmige runde Winterstiefel, in denen die zierlichen Füßchen einer Ballerina steckten. Das Baby hatte das Gefühl, graziös auf Zehenspitzen zu gehen, doch wenn es hinunterschaute, sah es nur Baumstümpfe. Seinen Schwanz konnte es hinter den gewölbten Flanken nicht sehen. Wie ein kurzer Hanfstrang hing er vom Ende seines höckerigen Rückgrats herab, und die ausgefranste Spitze sah einer explodierten Zigarre täuschend ähnlich.

Alles in allem hätte es seiner Mutter oder seinen Tanten beipflichten müssen, wenn sie ihm in den ersten Stunden nach seiner Geburt zugeflüstert hätten, daß Gott es als Witzfigur gezeichnet habe. Es war weder geschmeidig noch aerodynamisch geformt, noch vermittelte es den Eindruck von Anmut, Schnelligkeit oder gar Geschicklichkeit.

Seine noch junge Mutter war in ihre erwachsenen Elefantendimensionen hineingewachsen, würde aber wie alle Elefanten ihr Leben lang weiter an Gewicht und Größe zunehmen. Turmhoch ragte sie über ihrem Kind auf, das neben ihren zwei Metern siebzig Schulterhöhe und ihren knapp zwei Tonnen winzig wirkte. Sie war das Bild, zu dem das Baby über einen langen Zeitraum körperlicher Reifung, der erstaunliche Parallelen zur menschlichen Entwicklung aufweist, heranwachsen würde.

Fürs erste traten einzelne Körperteile des Kalbes übermäßig hervor: Nichts Lebendes hätte so große Ohren, eine Nase wie ein Schlauch, einen solch unförmigen Rumpf und einen Schwanz haben dürfen, der seinen Namen kaum verdiente. Das Baby war kleiner als die meisten anderen. Vielleicht würde sich das auf die eine oder andere Weise auf seinen Charakter auswirken. Es konnte zu einem unangenehmen Zeitgenossen werden, es konnte aber auch, wenn es fehlende Körpergröße durch Intelligenz und Anpassungsfähigkeit ausglich, zur Führerin der Familie werden.

Auch sonst war Amy, wie sie später genannt werden sollte, anders. Ihre bräunlich-bernsteinfarbenen Augen hatten nichts von dem harten Dunkel in den Augen der Bullen oder dem rötlichen Schwarz in denen der Kühe. Es war eine Farbe, die, wie es hieß, Intelligenz signalisierte. Amys Augen schauten aus ihrem Kopf, als gehörten sie einem anderen Wesen im Innern ihrer faltigen Haut. In ihrem verdutzten Blick lag eine Frage, die sich auch die älteren Elefanten stellten, wenn sie wie auf Kommando innehielten, um einer ziehenden Wolke nachzuschauen. Die weisen alten Brahmanenpriester Indiens, die die Dickhäuter länger als irgend jemand sonst kannten, sahen Götter in ihnen, die Sonne und Mond verehrten.

Amys Mutter wurde der Trubel bald zu viel, und sie entfernte sich ein Stück von der Geburtstagsfeier, um zu weiden und sich auszuruhen. Sie war eine Tochter der Leitkuh und besaß anerkanntermaßen Kraft und Charakter. Kleiner, aber dominanter als ihre Schwestern, kommandierte sie sie herum, und sie gehorchten ihr, als sei sie selbst die Leitkuh.

Wie alle weiblichen Elefanten jeden Alters konnte sie ohne Übergang von der wachsamen Mutter zum verspielten Kind werden. Lektionen fürs Leben lernten sich zwar »spielend«, aber als die wahren Könige und Königinnen Afrikas waren die Elefanten Gebieter über das Leben. Sie hatten Muße, die sie zu Fröhlichkeit und Freundschaft, Werbung und Verehrung nutzten – und zum Nichtstun.

Jetzt scheuchte Amys Mutter die Tanten und Cousinen matt und fast überdrüssig fort. Ihre überströmende Anteilnahme drohte das Baby zu schwächen. Ihrer aller Leben konnte davon abhängen, daß Amy in der Lage war, sich aufrecht zu halten. Die Familie zog in losem Verband mit dem Rest der Herde am westlichen Rand ihres Reviers entlang, das im knapp zweitausend Quadratkilometer großen Charisa Park an der Grenze des Chizarira-Nationalparks in Simbabwe lag. Der Sengwa River schlängelte sich dort zwischen Steilufern und Felsen aus Karru-Sandstein durch ein Tal, bevor er einige Kilometer unterhalb der Wasserfälle in den Karibasee mündete.

Jedes Mitglied der Elefantenfamilie brauchte dreißig Kilo Futter täglich, um seinen Hunger zu stillen. Die Nahrungssuche bestimmte ihr Leben und nahm den größten Teil ihrer Zeit in Anspruch. Als daher das Zwischenspiel der Geburt vorüber war, stieß die Leitkuh ein tiefes »Grah« aus, das Signal zum Aufbruch. Die

Elefanten erstarrten. Sie lauschten und gehorchten anstandslos; die Leitkuh allein war das Bindeglied zu den Überlieferungen der kollektiven Vergangenheit. Ohne sie hätten die anderen weder gewußt, was sie denken, noch wohin sie gehen sollten. Bis an ihr Lebensende war die Leitkuh ihre Mutter.

Mit abgespreizten Ohren setzte sich die Familie im Gänsemarsch in Bewegung, nicht zu schnell, damit es für das Baby nicht zu anstrengend wurde. Die Tanten schirmten Seiten und Ende des Zuges gegen Hyänen und Schakale ab, die die Plazenta bereits verschlungen und es jetzt auf das Elefantenkalb als zarten Leckerbissen abgesehen hatten. Ihre Mutter trieb Amy zur Eile an, wenn sie zu trödeln anfing. Viele Augen spähten auf sie hinab und behielten sie stets im Blick. Elefanten haben scharfe Augen; aus drei Metern Höhe können sie auch kleinste Gegenstände am Boden erkennen. Selbst ihre Flanken – und bei einer leichten Drehung des Kopfes sogar ihr Hinterteil – liegen noch in ihrem Gesichtsfeld. Nichts entgeht ihnen, schon gar nicht ein achtundsechzig Kilo schweres Baby, das zwischen ihren Beinen herumtollt.

Kaum etwas vermag den Beobachter besser vom freundlichen Wesen der Elefanten zu überzeugen als der Anblick wandernder Weibchen. Sie zeigen einander, was wir Menschen Zufriedenheit, Freude und Zuneigung nennen würden. Sie berühren einander mit dem Rüssel, und es scheint, als hielten sie sich nirgendwo lieber auf und seien mit keinen Lebewesen lieber zusammen als mit ihrer Familie. Frieden herrscht unter ihnen. Sie sind die Herrinnen des Landes, und ihre Welt gefällt ihnen. Sie *sind* die Welt.

Das Baby Amy wurde stärker, schwerer und größer, und in dem Maße, wie seine Welt sich ausdehnte, lernte es sich in eine Ordnung einfügen, die sich mit den Jahreszeiten, mit Geburt, Reife und Tod wandelte.

Elefanten haben so unterschiedliche Persönlichkeiten, wie man sie auch in einer großen menschlichen Familie findet. Anders als die Bullen, die sich als Halbwüchsige von der Herde absondern und sich durch Körperkraft hervortun, etablieren die Weibchen ihre Rangordnung aufgrund von Selbstbewußtsein, Charakter und Intelligenz, Urteilsvermögen und Gedächtnis. Manche von ihnen bleiben ihr Leben lang jugendlich verspielt und zerstreut, andere halten sich grübelnd abseits, wieder andere geben sich damit zufrieden zu essen, ihre Jungen aufzuziehen, als Mitglieder der weiblichen Familie zu leben und zu sterben.

Ranghöhere Weibchen verteidigen solche, die bereits einen dominanten Bullen zum Gefährten gewählt haben, gegen jüngere Bullen. Sie dulden kein Drangsalieren, stellen sich schützend vor ihre Schwestern und führen sie von den Störenfrieden fort.

Denn Elefantenbullen können reizbar und geradezu bösartig sein, manchmal aber auch ängstlich – verlorene Seelen, die sich vor ihrem eigenen Schatten fürchten.

Die Weibchen als Kollektiv von Müttern und zukünftigen Müttern verwöhnen die Kinder, wachen über sie, nähren, ermutigen und loben sie. Elefantenkinder werden nicht diszipliniert, nicht für ihre Fehler bestraft. Ist eines nur einen Moment unaufmerksam, entfernt es sich beim Spielen von der Gruppe oder erkennt eine Gefahr nicht rechtzeitig, kann das sehr schnell sein Ende bedeuten. Die Brutalität der Natur leistet den Elefanten die gleichen Dienste wie Disziplin und Lernen dem Menschen.

Wer Elefanten kennt, wer mit ihnen arbeitet, sie studiert oder jagt, wird niemals ihre Intelligenz anzweifeln. »Diese Tiere sind etwas Besonderes«, sagt der alte afrikanische Jäger. »Ich weiß es. Ich bin kein Wissenschaftler, aber ich halte die Augen offen, und ich lebe seit vierzig Jahren unter ihnen. Von allen Tieren sind sie die intelligentesten.«

In schwierigen Situationen war Amy auf die Älteren angewiesen. Jeder Elefant versinkt einmal im Schlamm, gerät in eine Grube, eine Untiefe in seichtem Wasser oder bleibt ganz einfach im Sand stecken. Das war bei Amy nicht anders, und sie war ein sehr neugieriges Kind. Einmal hatte sie sich auf einen Felsvorsprung im Fluß hinausgewagt und konnte nicht mehr zurück. Sie stieß ihren Alarmruf aus. Ihre Mutter eilte in Panik zu ihr, und als sie sah, was passiert war, rief sie die Tanten zu Hilfe. Zielstrebig und geduldig wateten sie ins Wasser, schoben und stupsten Amy mit Stoßzähnen und Rüssel voran und brachten sie mit vereinten Kräften in Sicherheit.

Jahre vor Amys Geburt hatte ein Blitz einmal ein verheerendes Feuer entfacht, das sich rasch ausbreitete. Eine Elefantenkuh der Familie erlitt schwere Verbrennungen und war in ihrer Todesangst nicht mehr fähig, vor den Flammen zu fliehen. Sie schrie vor Schmerz und strauchelte, doch da liefen die anderen ins Feuer und schoben und stießen sie aus der Gefahrenzone. Die Familie ließ nicht zu, daß sie aufgab, und sie kam mit dem Leben davon.

Ein anderes Mal war ein Weibchen aus unbekannten Gründen verendet. Kein Schuß hatte sie getroffen, und um an Altersschwäche zu sterben, war sie noch zu jung. Die anderen glaubten nicht, daß sie tot war. Sie versuchten sie aufzurichten und bugsierten den riesigen Leib hundert Meter weit in dichtes Unterholz, wo sie ihn mit ihren Rüsseln von Kopf bis Fuß betasteten. Sie stießen ihre Gefährtin an, stiegen auf sie, brüllten sie an.

Einige Stunden vergingen. Menschen kamen und entfernten die Stoßzähne. Mit Schlachtermessern schnitten sie die wertvolle Haut von den Flanken und legten große Flächen leuchtend weißen Bindegewebes frei. Am Abend kamen die anderen Elefanten zurück. Aufgeregt begannen sie das tote Tier zu »behandeln«. Eine nach der anderen gingen sie zum Flußufer, holten Schlamm und rieben die hellen Stellen damit ein. Schließlich war die Haut wieder dunkel, und sie glaubten, ihre Gefährtin könne nun mit ihnen weiterwandern. Sie warteten. Erst als sie am Morgen noch immer nicht aufstand, gingen sie widerstrebend davon.

Aufgrund dieser erstaunlichen Fähigkeit, das Leiden von Angehörigen der eigenen Art – und anderer Arten – wahrzunehmen und sich um Linderung zu bemühen, nehmen die Elefanten unter allen Tieren eine Sonderstellung ein. Schon Alexander der Große muß davon beeindruckt gewesen sein. In der Schlacht von Hydaspes im Jahre 326 v. Chr. wurde der indische Fürst Poros schwer verwundet und wäre gestorben, hätte nicht der Elefant, den er ritt, ihn vom Schlachtfeld getragen, auf die Erde gelegt und ihm mit dem Rüssel die Pfeile aus dem Fleisch gezogen, mit einer Behutsamkeit, die Alexander der Große als »menschlich« beschreibt. Der Vorfall bewegte ihn so tief, daß er später zu Ehren des Elefanten eine Münze prägen ließ.

Seit damals hat das Mitgefühl der Elefanten die Menschen immer wieder fasziniert und verblüfft. Man begann den Anthropomorphismus als eine künstliche Barriere zwischen Mensch und Tier zu betrachten. Diesen Standpunkt haben vor allem Wissenschaftlerinnen wie Cynthia Moss, Joyce Poole, Katy Payne und Daphne Sheldrick in ihren Elefantenforschungen vertreten. Mit Wörtern wie »lustig«, »verrückt«, »traurig« und »glücklich« beschreiben sie Aspekte des Verhaltens von Elefanten. Bei Sheldrick beispielsweise heißt es: »[Elefanten] haben ein Gefühl ..., das sich über die eigene Art hinaus auch auf andere leidende Kreaturen erstrecken kann. Sie helfen einander in Notsituationen, einen abwesenden geliebten Artgenossen vermissen sie, und wer sie sehr gut kennt, sieht, daß sie sogar lächeln, wenn sie sich freuen.«

Ein Maßstab für die Intelligenz der Elefanten ist ihre Fähigkeit, durch Laute, die für das menschliche Ohr nicht wahrnehmbar sind, über große Entfernungen hinweg miteinander zu kommunizieren. Elefantenforscher wie Katy Payne haben diese Laute auf Tonband aufgenommen, die von Skeptikern als bloße Geräusche wie das Knurren eines Hundes oder das Zwitschern eines Vogels abgetan werden. Einem Kind würde die ganze Debatte lächerlich erscheinen: »Wenn Elefanten nicht miteinander reden, warum haben sie dann so große Ohren?« würde es fragen. Rein biologisch haben diese Ohren die Funktion, das Blut im Gehirn des Elefanten zu kühlen. Doch ist das schon alles? Könnten dieselben Ohren nicht feine niederfrequente Laute (Botschaften) aus der Luft auffangen, so wie die riesigen Parabolschüsseln von Radioteleskopen Spuren himmlischer Laute (Botschaften) empfangen?

Kein Zweifel: Warnende Elefantenrufe hatten die Luft über dem Sengwa erzittern lassen. Amys Familie, die an einem südwärts verlaufenden Pfad zwischen dem Karibasee und den Grenzen der Sengwa Wildlife Research Area weidete, hatte sich auf diese fernen Rufe hin weiter nach Westen begeben. Von Zeit zu Zeit reckten die Tiere den Rüssel hoch in die Luft, als witterten sie Gefahr. Zur Vergewisserung hob die Leitkuh das Rüsselende eines anderen Tieres an, als wollte sie sagen: »Ich rieche Gefahr. Du nicht auch?« Sie schien nicht zu wissen, wie sie sich entscheiden sollte. Die Lautfolgen vermischten sich, die Gerüche waren schwach. Möglicherweise war tatsächlich Gefahr im Verzug, aber sie nahm keine Konturen an. Die Leitkuh vertraute auf Verhaltensmuster und Gebräuche, auf Routen und Rituale, die ihre Familie seit Jahrtausenden geschützt hatten. Dies aber war etwas Neues, Furchteinflößendes. Über mehrere Wochen, während die Bullen der Herde weiter südwärts zogen, verlangsamten die Weibchen ihre Wanderung, lauschten und warteten, bis wieder Stille eintrat.

Über Generationen war die Welt von Amys Familie unverändert geblieben, bis vor etwa vierzig Jahren Menschen im angestammten Revier der Elefanten das Land zu bebauen begannen. Für die Elefanten waren die Produkte menschlicher Mühsal Geschenke des Himmels, nicht anders als Sonne und Regen. Die Folgen dieses Mißverständnisses sollten bald zu der Tragödie führen, die Amys Leben für immer veränderte.

Vorerst aber lernte sie, für sich selbst zu sorgen. Sie trank zwar noch bei ihrer Mutter, doch mit der Zeit brauchte sie auch feste Nahrung. Sie schaute zu, wie die Erwachsenen Baumstämme entrindeten, Äste abbrachen und mit ihrem breiten Rumpf und der Stirn ganze Bäume umstießen, wie sie Erde von Grasbüscheln klopften und mit ihren Stoßzähnen steife Palmwedel zerkleinerten. Der Tumult war weithin zu hören.

Elefanten fressen unentwegt, doch ihr Verdauungstrakt kann nur einen Bruchteil der aufgenommenen Nahrung verwerten. Sie müssen deshalb so große Mengen vertilgen, daß sie auf ihrem Weg eine Spur der Verwüstung hinterlassen. Nach einem solchen Kahlschlag bleibt für andere Tiere kaum mehr etwas übrig.

Wochen vergingen, und Amy beobachtete und lernte. Ihre Welt schloß jetzt auch ihre Cousinen ein. Sie rempelten einander an und schichteten sich unter begeistertem Trompeten zu Elefantenbergen aufeinander, sie versetzten sich Kopfstöße, rannten gegeneinander an und kugelten übereinander. Das Spiel befriedigte ihr Bedürfnis nach Intimität durch Berührung. Amy lernte ihre Cousinen als Individuen mit Stärken und Schwächen kennen. Schnell hatte sie die Rangordnung erfaßt. Sie war von ausgeglichenem Wesen, frühreif und auch ein wenig distanziert.

Die älteren Cousinen hatten sie durch ihr Beispiel gelehrt, ihre Mutter an Schwanz, Ohren und Rüssel zu ziehen. Sie lehnte sich an ihr Bein, sie berührte sie überall und strich mit den Greiffingern ihres Rüssels über ihre samtene Zunge. Ihre Lider schlossen sich verträumt, die Wimpern flatterten, und sie schnurrte zufrieden.

Ihre Persönlichkeit begann sich zu entwickeln. Manchmal stahl sie anderen Elefanten mit List und Kühnheit – sie kompensierte damit ihre geringe Größe – das Futter aus dem Mund. Sie lenkte sie ab, schnappte sich den Happen und ging davon, als wäre nichts gewesen. Sie jagte hinter Zebras her, die davonliefen, dann stehenblieben, sich umdrehten und sie anstarrten. Paviane gingen mit heiseren Schreien auf sie los, ein Kiebitz, nicht größer als eine Menschenhand, dachte gar nicht daran wegzufliegen, sondern blieb im Schlamm stehen, plusterte sich auf und vertrieb Amy damit. Der

Wind in den Bäumen, die Wolkenschatten auf der Erde, fallende Blätter, krabbelnde Insekten und kriechende Reptilien, selbst eingebildete Wesen – alles ließ Amy angstvoll erschauern. Schmetterlinge, die wie bunte Luftballons in der Luft tanzten, jagten sie in die Flucht, während die älteren Elefanten wie Zuschauer bei einem Umzug dastanden und sie bewunderten.

Wie alle jungen Elefanten liebte Amy den Kitzel des Gejagtwerdens. Sie trompete in gespielter Panik und streckte den Rüssel wie eine Lanze vor, mit der sie im Davonlaufen das Gras zerteilte. Außer Atem wandte sie sich schließlich um und kehrte zu ihrer Familie zurück. Beine, Schultern und Ohren erschlafften, und sie schüttelte den Kopf, als würde sie lachen. Mütter und Tanten schauten ihr im Schatten der Mopane-Bäume brummend zu und nickten gleichsam beifällig.

Die ganze Familie suhlte sich gern, in einer flachen Mulde mit erdigem Wasser, an einem Flußufer oder einer Wasserstelle. Das Wichtigste war dabei der wunderbare Schlamm. Auf einer Haut, die nicht zu dick und derb war, fühlte er sich an heißen Tagen herrlich an. Um Fliegen, Stechmücken oder Bienen zu verscheuchen, wirbelten die Elefanten herum, sprangen hoch, wälzten sich auf der Erde, rannten dann los und warfen sich erleichtert brüllend in den Schlamm. Ein Bad am frühen Nachmittag behagte Amys Familie, ein weiteres am Abend behagte ihr noch mehr. Ein langer Trunk am Morgen, eine Dusche und das Umherwaten im Wasser läuteten den Tag ein. Wasser ist für Elefanten so kostbar wie das Leben selbst. Bei seinem Anblick oder

Geruch trompeteten und brüllten die Älteren, und die Jungen liefen voraus und patschten bis zu den Knien hinein, ohne sich um die Tiere zu kümmern, die schon vor ihnen da gewesen waren. Die Älteren übten mehr Zurückhaltung. Sie tranken, stampften Löcher in das schlammige Ufer, klatschten sich Schlamm auf Rücken und Bauch und warteten, bis die Jugend wieder Hunger bekam.

Am Flußufer wälzte Amy sich vorsichtig in einer glitschigen Mulde mit kühlem, trübem, modrig riechendem Wasser. Ihre Haut glänzte. Am liebsten hätte sie diesen Ort nie wieder verlassen. Bald aber bekam sie Hunger, doch als sie aufstehen wollte, rutschte sie aus und glitt bis auf den Grund der Mulde hinab. Sie ließ allen Stolz fahren, kämpfte sich wieder heraus und lief schutzsuchend zu ihrer Mutter.

Die älteren Elefanten blieben noch eine Weile in der Flußmitte, füllten sich die Mägen mit genügend Wasser, um den Auftrieb auszugleichen, und gingen wie Nilpferde auf dem Grund des Flusses entlang, den Rüssel als Schnorchel hochgereckt. Wie schwarze Schlangen schwankten die Rüssel über der Wasseroberfläche hin und her.

Die Halbwüchsigen badeten mit dem Kopf über Wasser näher am Ufer. Zwei oder drei von ihnen flochten ihre Rüssel ineinander, schaukelten wie riesige schwarze Korken auf dem Wasser und führten ein kraftvoll-anmutiges Ballett auf. Elefanten sind gute Schwimmer und können große Entfernungen im Wasser zurücklegen. Man hat einmal eine Elefantenfamilie beobachtet, die hundertsechzig Kilometer ohne Unterbrechung schwamm, wobei die kräftigeren Weibchen die schwächeren mit dem Rüssel stützten. Offenbar hatte die Leitkuh sie auf eine Elefantenstraße geführt, die nach dem Bau des Kariba-Staudammes während einer langen Abwesenheit der Familie in den Fluten des Karibasees versunken war.

Amy – sie war inzwischen fast zehn Monate alt – brauchte ihre Mutter zwar noch, um gestillt zu werden, doch sah man sie jetzt immer häufiger bei den anderen Familienmitgliedern, den Tanten und den älteren Cousinen und Schwestern, die sie erzogen, beschützten, ihr vieles beibrachten und mit ihr spielten. An schattigen Flußufern schaute sie die Tanten an, als wollte sie sagen: »Das wäre doch ein guter Platz zum Wälzen. Vielleicht könnt ihr mich ja auch ein bißchen kitzeln?«

Alle Elefanten, egal welchen Alters, lieben es, gekitzelt zu werden, sogar die alte Leitkuh. Amy war kitzlig wie jedes Kind. Unter trompetendem Elefantenlachen wälzte sie sich im Gras, wenn ihre älteren Cousinen die Finger ihres Rüssels auf ihren Rippen, in ihren Achselhöhlen und in den weichen Ritzen unter ihrem Kinn spielen ließen. Bei solchen Gelegenheiten konnte es passieren, daß sie die Familie aus den Augen verloren. Dann erschraken sie und liefen schnell hinter den anderen her.

Traf die Familie mit dem Rest der Herde zusammen, mit dem sie durch gemeinsame Vorfahren verbunden war, gerieten alle in einen wahren Freudentaumel. Kaum in Sicht- und Hörweite, rannten sie aufeinander zu und berührten sich, stampften, koteten, wanden die Rüssel umeinander, warfen Staub hoch und stießen die Stirnen gegeneinander, daß die Stoßzähne nur so klapperten. Daß sie möglicherweise eine Stunde zuvor ein ähnlich festliches Wiedersehen gefeiert hatten, spielte dabei keine Rolle. Elefanten können sich gar nicht oft genug begrüßen.

Ihre Toten behandelten die Elefanten mit freundlicher Ehrerbietung. Wenn sie auf die Knochen eines Blutsverwandten trafen, blieben sie stehen und streichelten sie. Wählten sie ihre Pfade so, daß sie an den Gräbern von Familienmitgliedern vorbeikamen? Amy sah, wie ihre Mutter einen sonnengebleichten Elefantenschädel berührte. Sie strich darüber und schob ihren Rüssel in die Augenhöhlen, fast als würde sie um den toten Verwandten trauern.

Amy rollte die Knochen über den Boden, hob sie auf und ließ sie wieder fallen. Alles hatte den Anschein einer merkwürdigen Trauerfeier. Begriff Amy, was Verlust bedeutete?

In jenem Sommer des Jahres 1988 regnete es reichlich, und die Familie erinnerte sich an die Maisfelder am tiefsten Punkt ihrer Route. Im Jahr zuvor hatten die Kühe, während die Bullen in den Feldern weideten, am Grenzzaun gestanden. Vielleicht würde es dieses Jahr anders sein, und sie konnten ebenfalls einen Festschmaus abhalten.

Die Zeit verging. Amys Gewicht nahm alle zwei Monate um fünfundvierzig Kilo zu. Alles ging nun schneller vonstatten. Immer geschickter mußte sie ihren Rüssel gebrauchen, um an die Nahrung zu gelangen, die auch ihre Tanten und Cousinen zu sich nahmen. Sie betastete das Gras mit den Fingern ihres Rüssels, bündelte es und riß es heraus, schob es sich in den Mund und zermahlte es mit den Backenzähnen. Manchmal landete das Grasbüschel auf ihrem Kopf oder blieb am Ohr hängen, und gelegentlich schnappte sie sich auch ein Blatt oder etwas Gras direkt aus dem Mund ihrer Mutter.

Das Trinken frustrierte sie: Wasser war so schwer aufzunehmen. Sie sog es in den Rüssel, doch wenn sie zu heftig einatmete, stieg es ihr in den Kopf, und sie mußte niesen und stieß einen Sprühregen aus. Sie versuchte es noch einmal. Nachdem sie das Wasser aufgesogen hatte, hob sie den Kopf und schob sich die Rüsselspitze in den Mund. Während die älteren Elefanten sich das Wasser behutsam in den Mund bliesen, versuchte Amy die Schwerkraft für sich arbeiten zu lassen und ließ das Wasser aus dem Rüssel in ihren Mund rinnen. Aber es würde noch eine Weile dauern, bis sie die Technik beherrschte.

Ihre sozialen Fähigkeiten entwickelten sich rapide. Auch hier lernte sie durch Beobachtung, am Vorbild der anderen, durch Versuch und Irrtum. Manchmal blieben einzelne Bullen eine Zeitlang bei der Familie und sahen sich nach paarungsbereiten Weibchen um. Im Vergleich zu den Kühen waren sie riesig, und ihr Verhalten hatte etwas Direktes, Zielstrebiges. Ihre Anwesenheit faszinierte die Kühe. Durch Beobachtung ihrer Tanten und älteren Cousinen im Umgang mit den Bullen lernte Amy Lektionen für ihr späteres Leben. Immer intensiver kommunizierte sie nun mit den anderen und eignete sich durch Zuhören und Teilnahme an ihren »Diskussionen« die Grundlagen der Elefantensprache an. Die Leitkuh vermittelte ihr wertvolles Wissen über ihren Lebensraum, und schließlich war es so weit, daß die anderen sich ein Bild davon machen konnten, wie Amy einmal sein würde – stark und einfallsreich, ein wertvolles Mitglied der Familie.

Endlich erreichten die Elefanten die Grenze ihres Reviers. Die Herde war jetzt wieder vereint. Bei Sonnenuntergang war die Luft am Südufer des Sengwe von Elefantenlauten erfüllt. Das lang ersehnte Festmahl würde bald beginnen. Das war der Augenblick, auf den alle gewartet hatten. Sie waren die größten Lebewesen weit und breit, ehrfurchtgebietend und majestätisch.

Aber sie hatten einen Feind. Das Stammesoberhaupt der Tonga, ein magerer uralter Mann mit schiefen Zähnen, haßte die Elefanten. Ungeziefer nannte Siwelo Bwathlomoy Dingani sie, nicht besser als Ratten.

Dingani stützte sich auf einen knorrigen Ast, der ihm als Stock diente. Schon am frühen Morgen war er verzweifelt, als er an dem Hohlziegelschuppen vorbeikam, in dem das Korn gemahlen wurde. Der Motor schwieg seit Tagen. Hähne krähten, Hühner scharrten in der

Erde, und ein schwarzes Schwein wühlte in einem Abfallhaufen. Die ersten Dorfbewohner traten vor ihre Hütten. Dinganis Urenkel, schon lange vor der Schule auf den Beinen, begannen auf dem Erdplatz hinter den Hütten Fußball zu spielen.

Dingani brauchte nicht weit zu gehen, bis die südliche Grenze der Sengwe Wildlife Research Area in Sicht kam. Der Zaun sollte die Elefanten von den Feldern der Dorfbewohner fernhalten. Dingani betrachtete sie. Die Elefanten hatten gewütet wie in den Nächten zuvor. Bald würde nichts mehr von der Frühjahrsanpflanzung übrig sein.

Die Not hatte die Tonga in Simbabwe das Überleben gelehrt. Ihr Volk zählte drei Millionen Menschen, über drei Länder verteilt. Als Flüchtlinge wurden sie von den herrschenden Stämmen Simbabwes ignoriert. Vierzig Jahre zuvor hatten europäische Kolonialmächte sie dem Staat Simbabwe zugewiesen, um den Kariba-Staudamm bauen zu können. Die kargen Böden lieferten nur spärliche Ernten, und jetzt richteten die Elefanten ähnliche Verwüstungen an wie Überschwemmungen oder Heuschreckenplagen.

Abend für Abend reihten sich die Elefanten am Zaun auf. Aber ein Zaun ist bekanntlich nur so gut wie seine Wartung. In der ersten Nacht hatten die stärkeren Bullen einen jüngeren Genossen in den Elektrozaun gestoßen, die Funken flogen, und ein Kurzschluß entstand. Damit war der Zaun als Elefantenbarriere wertlos geworden, und die Elefanten waren fast jede Nacht auf das Land um Dinganis Dorf vorgedrungen. Die Dorfbewohner, die ihre Hütten nicht zu verlassen wagten, konnten hören, wie sich die Tiere in ihren Maisfeldern gütlich taten. Bei Sonnenaufgang waren sie wieder fort und mit ihnen mehrere Morgen Getreide.

Dingani wußte nicht, was tun. Der Besitz von Feuerwaffen war den Tonga untersagt. Dingani hatte die Jagdbehörde um Hilfe gebeten, aber von dort nur gehört, daß man die Überwachung der Elefantenherden einzustellen gedenke. Das machte die letzte Hoffnung der Dorfbewohner zunichte.

Im Arbeitszimmer seines mehrgeschossigen Farmhauses im Gwai-Tal in Simbabwe legte der weiße Rancher Buck de Vries den Hörer auf. Er ging ins Eßzimmer hinüber, wo seine Familie bereits am Tisch saß und darauf wartete, daß er das Gebet sprach. Sie faßten einander an den Händen, senkten den Kopf, und in seiner Muttersprache, dem Afrikaans, dankte de Vries Gott für die Speisen. Während die Terrine mit dem köstlichen Kudu-Eintopf herumgereicht wurde, sagte er zu seiner Frau Rita: »Ich höre gerade, daß die Tonga wieder einen Abschuß beantragt haben« – die Tötung der Elefanten, die auf Stammesland vorgedrungen waren. Er erklärte ihr, wo, und sagte, daß es sein letzter Abschuß sein werde.

Rita de Vries wußte nur zu gut, daß ihr Mann eine geheime Verpflichtung zu erfüllen hatte.

De Vries, ein abergläubischer Mann von achtundsechzig Jahren, hatte vor langer Zeit geschworen, wenigstens einen Elefanten vor dem Tod zu bewahren. Er wollte damit wiedergutmachen, daß er als Jäger ein Leben lang Elefanten getötet hatte. Aber er würde ein Retter sein, kein Befreier. Das Elefantenjunge, das er retten wollte, konnte er später nicht wieder freilassen, und er konnte es auch nicht großziehen oder auch nur über längere Zeit auf der Farm behalten. Die viertausend Dollar, die ein Tierhändler ihm dafür zahlen würde, konnte er zwar gut gebrauchen, aber ihm war nicht wohl dabei. Er wußte jedoch, daß jeder Ort für den Elefanten besser sein würde als sein Heimatkontinent.

Auch De Vries selbst hätte Afrika mit seiner ganzen Familie verlassen, wenn er die Möglichkeit gehabt hätte. Die Verbitterung, der Krieg, die Stammesfehden, das Gefühl, unerwünscht zu sein, die Politik, die allgegenwärtige Spannung – all das hatte das schöne Land für ihn zu einem Alptraum gemacht.

Ein Elefantenkalb zu retten bedeutete, es nicht nur für einen Tag oder vor einem Abschuß zu retten, sondern für den Rest seines Lebens, das war Buck de Vries klar. Im Augenblick war Simbabwe ein gefährlicher Ort für Elefanten. Die so gut wie sichere Wiederaufnahme der systematischen Abschüsse, die anhaltende Elfenbeinwilderei, der Nahrungsmangel bei Mensch und Tier und die willkürliche Tötung von Elefanten durch Stammesangehörige mußten auf ihre Ausrottung hinauslaufen. Niemand wußte, was kommen würde, auch Buck de Vries nicht. Der Elefant, den er rettete, würde auch einen Befreier brauchen, einen Menschen, der über ihn wachte. Aber irgend jemand mußte den Anfang machen, und Buck stand, was das Überleben der Elefanten anbelangte, an vorderster Front.

Zwei Tage nachdem de Vries von dem geplanten Abschuß erfahren hatte, rumpelte ein Konvoi von zwölf Diesellastern der Jagdbehörde mit Afrikanern in Shorts, Overalls und grünen Pullovern durch den Morgennebel. Gewehre lagen in Decken gewickelt unter den Sitzen. Jeder der Männer hatte einen Wetzstahl in einem Köcher aus Elefantenhaar an seinem Hanfgürtel. Um den Hals trugen sie ein Tuch, das sie sich später über Mund und Nase ziehen würden, um sich vor dem Gestank des Todes zu schützen.

De Vries holperte am Ende des Konvois in seinem Pickup dahin, auf dessen Ladefläche er eine Art Holzkäfig angebracht hatte. Der Rücken tat ihm weh von dem Gerüttel und Geschüttel über das offene Gelände. Allein mit seinen Gedanken, fragte er sich, wie sein ältester Sohn wohl jetzt aussehen würde. Er vermißte ihn schmerzlich. Der Junge war kurz nach seinem zwölften Geburtstag beim Angeln am gestrüppbewachsenen Ufer des Sambesi von einem Krokodil angegriffen und getötet worden. Inzwischen hatten Zeit und Alter de Vries' Zorn abgekühlt, aber die Trauer über den furchtbaren Verlust war geblieben.

Ein Leichtflugzeug, das über den Konvoi hinwegflog, lenkte ihn ab. Am Abend zuvor hatte es die Elefantenherden in dem Areal geortet. Heute sollte es den Abschuß aus der Luft unterstützen.

Nach einiger Zeit hielt der Konvoi bei einer Gruppe

von Mopane-Bäumen an. Es war ein stiller Morgen. Die Männer stiegen geräuschlos aus, und ihre Stiefel sanken im Sand der Kalahari ein.

Das Brummen des Flugzeugmotors erfüllte die Luft, und in den Funksprechgeräten knisterte es. Der Pilot ließ den Motor aufheulen und begann, enge Kreise über den Baumwipfeln zu ziehen. Er hatte die Elefantenherde gesichtet und trieb sie auf die Jäger zu, die jetzt ihre Gewehre luden.

Die Tiere aus Amys Familie trompeteten und brüllten, als sie den schrecklichen Lärm hörten. Sie liefen hinter der Leitkuh her und versuchten zu fliehen, doch plötzlich tauchten Männer mit dem Gewehr im Anschlag vor ihnen auf. Sie hielten inne. Hinter ihnen war das Flugzeug, vor ihnen die Männer. Es gab kein Entrinnen. Wie auf Kommando krachten Schüsse. Als erste wurde die Leitkuh getroffen. Sie brach in die Knie und fiel tot auf die Seite. Inmitten von Motorenlärm und Gewehrfeuer liefen Amys Mutter und mehrere ältere Weibchen zu ihr. Sie tasteten sie mit dem Rüssel ab und versuchten, sie aufzurichten.

Ohne sie wußten die anderen nicht, was sie tun, wohin sie sich wenden sollten. Sie brüllten und koteten vor Angst, sie trompeteten, um die Jungen zurückzurufen, die in Panik auseinanderliefen. Die älteren Weibchen drängten sich zu einem Schutzschild für die Jüngeren zusammen. Die Gewehre feuerten aus kürzester Entfernung, und die mächtigen Beine der Elefanten knickten unter ihnen weg. Einer der Schützen kletterte auf ein totes Tier und schoß von dort oben herab. Die

Schreie der Männer unterbrachen das Gewehrfeuer. Amy hielt sich dicht bei ihrer Mutter. Dann wurde ihre Mutter getroffen. Verzweifelt versuchte Amy, den Kopf unter ihr Kinn zu schieben.

»Den nicht! Den nicht!« rief jemand. »Auf den nicht schießen!«

Die Schüsse erstarben. Hände zogen Amy von ihrer toten Mutter fort, doch sie riß sich los und wollte flüchten. Männer mit Stricken liefen hinter ihr her, und einer von ihnen schwang sich auf ihren Rücken. Sie war erschöpft, verwirrt und voller Angst. Man klappte ihr die Ohren über die Augen, so daß sie nichts mehr sah. Ein dünnes Seil legte sich um ihren Kopf. Sie hörte ihre sterbenden Familienmitglieder seufzen und stöhnen. Ihre gesamte Familie wurde ermordet, für immer ausgelöscht! Sie spürte einen Stich an der Innenseite ihres Ohres, und gleich darauf versank die Welt.

De Vries arbeitete schnell. Er befeuchtete Amys Augen, er lauschte auf ihren Atem, er wies ein paar Männer an, sie mit ihm zu seinem Pickup zu schleifen. Eine Viertelstunde verging. Die Gewehre wurden wieder verstaut. »Plötzlich ließen alle das Kalb los und liefen davon«, erinnerte sich de Vries später. »Die Mutter war wieder aufgestanden, sie war nicht tot! Es war, als wäre sie wieder zum Leben erwacht, als sie sah, was mit ihrem Kind passierte. Sie stürmte auf uns zu. Ich blieb bei dem Kalb stehen, und sie raste an mir vorbei hinter den anderen her, packte zwei von ihnen und schleuderte den einen auf die Erde. Er versuchte, auf allen vieren rückwärts zwischen ihren Beinen hervorzukriechen, aber sie stieß ihn mit den Hinterbeinen wieder nach vorn und ließ ihn nicht entkommen. Sie kauerte auf den Knien und gab keinen Laut von sich. Sie schlang den Rüssel um den schreienden Mann, stieß mit den Zähnen nach ihm und zerfetzte ihm Hemd und Hose. Dem anderen, der unter ihre Stoßzähne gestürzt war, gelang die Flucht.

Einer der Jäger lief nach seinem Gewehr. Er zielte, drückte ab, und Amys Mutter war tot.

In der Stille, die darauf folgte, zogen die Afrikaner ihren Wetzstahl aus dem Köcher und schärften ihre Messer. De Vries injizierte Amy ein Gegenmittel gegen die Betäubungsspritze ins Ohr. Kurz darauf rappelte sie sich hoch und stieß einen Schrei aus, aber von ihrer Familie kam keine Antwort. Sie schob den Rüssel zwischen den Käfigstäben durch und suchte nach der Witterung ihrer Mutter, ihrer Tanten und Cousinen. Eine Stunde lang schrie sie, während der Pickup langsam aus dem Busch auf den nächsten Fahrweg zufuhr. Von Zeit zu Zeit hielt de Vries an, um ihr Wasser und belaubte Zweige zu geben, die er mit einer Machete von den Bäumen schlug.

Die Sonne ging unter, und nach kurzer Dämmerung wurde es Nacht. Dunkle Silhouetten tauchten im zuckenden Licht der Scheinwerfer auf. De Vries erkannte sie erst nicht, doch da stieß Amy einen Schrei aus. Eine andere Familie von Elefantenkühen kam direkt auf den Wagen zu. »Ich wurde aus dem Hinterhalt überfallen. Doch, wirklich, genauso war es.

Ich machte das Licht aus. Die Elefanten schoben den Wagen vor und zurück. Das Kalb schrie. Die Elefanten machten einen Höllenlärm, und ich hatte eine Heidenangst. Ganz langsam fuhr ich weiter. Die gesamte Elefantenfamilie drängte gegen den Wagen, rammte ihn und wollten ihn umstoßen. Mit aller Macht versuchten sie, das Kalb zu befreien. Ich dachte, vielleicht sollte ich es besser laufen lassen. Aber wenn ich ausgestiegen wäre, hätten sie mich getötet. Ich fuhr und fuhr, wie lange, weiß ich nicht mehr, und schließlich machte ich das Licht wieder an. Die Elefanten waren weg.«

Ein erwachsener Elefantenbulle, den de Vries vor langer Zeit als Waisenkind bei sich aufgenommen hatte, wartete in dieser Nacht in seinem Gehege auf Amy, als de Vries die Zufahrt zu seiner Ranch entlang fuhr. Er hatte den Bullen, dem er den Namen Jumbo gegeben hatte, am Gwai River gefunden, wo seine Mutter ihn in einer Suhle, aus der er nicht wieder herauskam, seinem Schicksal überlassen hatte. »Seine Ersatzmutter war eine Milchkuh. Wenn sie sich hingelegt hat, hat er sich dicht neben sie gelegt. Sein Schnarchen hat man meilenweit gehört. Aus Angst, sie könnte ihn verlassen, hatte er seinen Rüssel auf ihren Bauch gelegt, und wenn sie aufstand, wachte er auf und folgte ihr. Die Kuh wußte, daß Jumbo nicht ihr Kalb war. Er wurde größer und größer, aber das schien sie nicht zu kümmern.«

Aus ihrem Gefängnis befreit, lief Amy zu Jumbo, eine Waise zur anderen. Die Umzäunung bestand aus breiten Gummi-Förderbändern, die de Vries aus einem

Kohlebergwerk besorgt hatte. Die ganze erste Nacht und auch noch die folgenden Nächte hielten Amys langgezogene, schrille Schreie Rita de Vries wach. Als die Dämmerung anbrach, stand Amy bei dem Bullen und wich nicht mehr von seiner Seite. Um sie zu beruhigen, stellte de Vries ein Radio in ihrer Nähe auf. Sie sollte menschliche Stimmen und Musik hören, denn so wie er ihre Zukunft sah, würde sie den Rest ihres Lebens unter Menschen verbringen, und er wollte ihr helfen, sich daran zu gewöhnen.

Amy mußte lernen, ein Waisenkind zu sein. Man hatte sie gewaltsam in eine fremde Welt verpflanzt, auf die sie nicht vorbereitet war. Erst teilweise entwöhnt, konnte sie noch nicht ausschließlich von fester Nahrung leben. Rita de Vries ersann ein Rezept für sie: Auf dem Holzfeuerherd in der Küche erwärmte sie gekochten Reis mit Milchpulver vermischt. Sie setzte sich auf einen Schemel an Amys Gehege und führte Amys Rüssel in einen Eimer mit Milch. Amy sog sie ein, doch da sie noch nicht wußte, wie sie die Milch in den Mund bekommen sollte, half Rita ihr, indem sie ihr den Rüssel in den Mund schob. Das wiederholte sie viele Male, und als die Milch nach einer Stunde nicht mehr frisch genug war, ging sie ins Haus zurück und machte neue. Amy trank nun etwa alle zehn Minuten einen Schluck, vierundzwanzig Stunden am Tag. »Irgendwann fand sie heraus, daß die Milch im Rüssel blieb, wenn sie nur wenig davon einsog. Dann lernte sie auch, sich die Milch in den Mund zu befördern. Anfangs spritzte sie sich das ganze Gesicht voll, aber nach drei, vier Tagen klappte es. Sie konnte allein trinken! Jetzt hatten wir allen Grund zu der Hoffnung, daß sie am Leben bleiben würde.«

Die Nächte waren kalt, und de Vries ließ Holzblöcke zu Kohle verbrennen, die er, noch glühend, an die Außenseite der Hohlziegelmauer an Amys Gehege schaufelte. Amy drückte sich von innen an die Mauer und nahm die beruhigende Wärme auf. Morgens gesellte sie sich zu Jumbo und blickte in ihre neue Welt hinaus. Hühner gackerten, und die Rhodesian Ridgebacks der de Vries' knurrten und bellten, ein zahmer Löwe, den Rita aufgezogen hatte, brüllte und pirschte sich an Amys Gehege an, Autos und Laster fuhren vorbei und stießen schwarze Dieselschwaden aus.

Die meiste Zeit hielt Amy sich dicht bei Jumbo, zitternd vor Angst.

Getrennt von allen vertrauten Anblicken, Geräuschen und Gerüchen, angeseilt und hierhin und dorthin gezogen und geschoben, war Amy auf dem besten Wege, zur Ware zu werden, einer Ware, die als wertvolle Kuriosität verkauft werden würde, wahrscheinlich an einen fernen Zoo. Sie brauchte zum Leben Freundlichkeit und Liebe, nicht weniger als Futter und Wasser. Mit dem Tod ihrer Tanten und Cousinen, ihrer Mutter und der Leitkuh war ihre ganze Welt untergegangen. Sie war allein. Aber sie lebte, dachte Buck de Vries.

In den nächsten Monaten wurde Amy mit einer engen Holzkiste vertraut gemacht, in der sie aß und schlief. Sie wußte nicht, weshalb sie Tag für Tag dort hinein sollte, aber sie gewöhnte sich daran. Sie lernte zu überleben. Unbekannte Geräusche beunruhigten sie, doch nicht mehr so stark wie zuvor, unbekannte Anblicke erschreckten sie, doch sie lief nicht mehr schutzsuchend zu Jumbo.

Eines Tages trat ein Mann, den sie noch nie gesehen hatte, an ihr Gehege und beugte sich vor, um sie zu betrachten. Er redete mit de Vries und ging dann ins Haus. Der Fremde handelte mit exotischen Tieren und wollte Amy kaufen, um sie an einen Zirkus oder einen Zoo irgendwo in der Welt weiterzuverkaufen. Damit war Amys Schicksal besiegelt.

Am Tag ihres Abtransports kam de Vries zu ihr, um sich von ihr zu verabschieden. In der Hand hielt er ein Stück Kreide. Er hatte sein Gelübde erfüllt und einen Elefanten vor dem Abschuß gerettet. Jetzt mußte das Tier fort, aber er wollte es nicht namenlos ziehen lassen. In dicken Lettern schrieb er AMY auf die Seitenwand ihrer Kiste. Egal wohin sie kam: Jeder, der ihr begegnete, so hoffte er, würde wissen, daß das Wort »Freund« bedeutet.

In einer Holzkiste mit fünf anderen Elefantenkälbern verließ Amy Afrika. Als die Boeing 747 abhob, verkündete der Kapitän:»Meine Damen und Herren, wir haben heute einige ungewöhnliche Passagiere an Bord ...«

Die Fluggäste besuchten die Elefantenbabys im Frachtraum der Maschine. Man hatte die Temperatur ihren Bedürfnissen angepaßt, und ein Wärter betreute sie. Er schlief auf einer Kiste und redete mit ihnen. Dabei benutzte er das Suaheli-Wort für Elefant. »Ruhig, Tembos, ganz ruhig, Tembos«, sagte er. Aber Amy war schon ruhig – vor Angst.

KAPITEL ZWEI

Auf der Ranch in Colorado

Bob Norris schob seinen Hut zurück und ließ den Blick über das Land schweifen, in dem Männer wie er sich seit Jahrhunderten aufhielten. Der Wind trug ihm das Echo der Geschichten zu, die sich die Cowboys beim Viehtrieb am Lagerfeuer erzählten, Geschichten von ihren geliebten Mustangs und von Longhornrindern. Einer von Bobs Ranchhelfern kam heran und unterbrach seine Träumereien.

Die beiden Männer standen in der kühlen Luft von Colorado vor dem Eingang zum Pferdestall der Ranch. Im Osten leuchteten die Schneegipfel der Rocky Mountains, davor lag die grüne Hügellandschaft der Front Range. Von dort, wo Bob stand, erstreckte sich seine Pferde- und Rinderranch weiter nach Süden und Westen, als das Auge reichte.

»Heute früh«, sagte Don, »war einer da, der wollte ein paar Boxen mieten. Ich hab ihm gesagt, er soll verschwinden, wir machen sowas nicht.«

»Sehr diplomatisch«, sagte Bob. Ein leises Grinsen legte sein Gesicht in Falten.

»Er kommt heute nachmittag noch mal. Er will mit dir selber reden.«

»In Ordnung«, sagte Bob. »Wofür braucht er die Boxen?«

»Das hat er nicht gesagt.«

»Für Pferde oder für Känguruhs?«

»Für Pferde, nehm ich an«, sagte Don unsicher.

Bob ließ es für den Moment dabei bewenden. Er hatte zu tun. Und nach dem Empfang, den Don dem Mann bereitet hatte, würde er wohl ohnehin nicht so bald wieder kommen. Bob holte eine Leiter aus dem Stall und trug sie zum Getreidesilo hinüber. Er kletterte zu den Eisensprossen hinauf, die in den Beton eingelassen waren, und von dort weiter aufwärts. In schwindelnder Höhe setzte er sich rittlings auf den Rand des Silos. Ein Getreidelaster fuhr rückwärts heran. Inzwischen hatten sich unten mehrere Helfer versammelt. Sie nahmen die Hüte ab und schauten mit offenem Mund zu ihrem Boß hinauf, der so alt war, daß er ihr Vater hätte sein können.

»Was zum Teufel gibt's da zu gaffen?« rief Bob hinunter.

»Also, Bob«, sagte ein Mann namens T. J. Eitel zögernd, »du solltest da nicht raufsteigen.«

Bob sah ihn fragend an. »Was soll das heißen?«

»Nichts.«

»Wer sollte denn sonst hier raufsteigen?« rief Bob.

»Wir.«

»Laß ich euch jemals was machen, was ich nicht auch selber machen würde?«

»Nein.« T. J. hatte keine andere Antwort erwartet.

Später am Vormittag, als der Silo voll war, fanden Bob und T. J. Zeit, eine Ladung Rinder von der bei Colorado Springs gelegenen Ranch mit dem Sattelschlepper nördlich von Denver abzuliefern. Bob fuhr, und T. J. hielt sich die von einem schmerzenden Zahn geschwollene Wange. Er litt stumm. Vierzig Stück Vieh hatten sie insgesamt transportiert, und beide Männer konnten vor der Heimfahrt eine Pause gebrauchen. Ein gutes Essen war jetzt genau das Richtige, fand Bob. Er dachte an ein gegrilltes Steak. Am Palace Arms Restaurant in Denvers exklusivem Brown Palace Hotel brachte er seinen nach Kuhmist riechenden Transporter zum Stehen. Der Parkwächter sprang von seiner Bank auf und winkte ihn weiter, aber Bob zog die Handbremse an, kletterte aus dem Führerhaus und warf ihm die Schlüssel zu.

»Park ihn, mein Junge«, sagte er.

Die beiden, T. J. noch immer mit der Hand an der Wange, gingen in ihren schmutzigen Jeans und Stiefeln, den Arbeitshüten und den durchschwitzten Hemden auf den Oberkellner zu, der indigniert die Nase rümpfte.

»Bitte?«

T. J. wäre am liebsten im Erdboden versunken. O Gott, dachte er, der alte Transporter und unser Aufzug, da sieht doch jeder, daß wir Cowboys sind. Hier bekommen wir nie einen Tisch.

Bob zeigte auf einen der besten Tische am Fenster. Der Oberkellner schaute zweifelnd drein und tat so, als müßte er im Reservierungsbuch nachsehen. Er wollte seine Zweifel schon in Worte fassen, als er zu Bob aufsah. Seine Miene veränderte sich. »Aber natürlich, Mr. Norris«, sagte er, »hier entlang bitte.«

Bob machte sich über das Essen her, kümmerte sich nicht um die Seitenblicke der anderen Gäste und ließ sich sein Steak schmecken. T.J. mußte sich mit einem Teller Suppe begnügen, und selbst der ließ seine Zahnschmerzen neu aufflammen. Als sie aufgegessen und ihre Servietten ordentlich gefaltet hatten, zahlte Bob und gab ein großzügiges Trinkgeld. Dann fuhren sie weiter nach Süden. In Colorado Springs angekommen, hatten beide Männer das Gefühl, gute Arbeit geleistet und das getan zu haben, was von einem modernen Cowboy erwartet wird.

Am nächsten Morgen ging Bob erst spät aus dem Haus. Auf halbem Wege zu seinem Büro im Pferdestall sah er einen Pickup vorfahren. Am Steuer saß ein jüngerer Mann von gedrungener Gestalt, mit kurzem braunem Haar und der Miene eines Menschen, der sich mit Tieren auskennt. Seine Kleider verströmten einen schwachen Geruch, den Bob nicht einordnen konnte, der aber nicht von Pferden oder Rindern herrührte. Der Mann streckte die Hand aus und stellte sich als Barry Jackson vor.

»Sie waren gestern schon mal da, nicht wahr?« sagte Bob höflich. »Was kann ich für Sie tun, Mr. Jackson?«

»Ich würde gern ein paar von Ihren Pferdeboxen mieten.«

»Wir machen hier so unsere eigenen Sachen«, erklärte Bob. »Wir haben hauptsächlich mit Cutting-Pferden zu tun. Ich vermiete keine Boxen.« Jackson schien enttäuscht. »Was für Pferde haben Sie denn?« fragte Bob.

»Ich habe keine Pferde.«

Ach, du lieber Himmel, er hat Strauße. Bob haßte Strauße und hätte Jackson mit Freuden den Grund erklärt. Man weiß einfach nicht, was zum Teufel Strauße denken. Sie stehen da und schauen dich an, und plötzlich, zack, hacken sie dir ins Gesicht. Oder sie treten dich grün und blau. »Was denn dann?« fragte er.

Jackson schwieg.

»Na, Mr. Jackson?« ermunterte Bob ihn grinsend.

»Sechs Elefantenkälber.«

Einen Moment lang verschlug es Bob die Sprache. Um sicherzugehen, daß er sich nicht verhört hatte, fragte er: »Sechs ... Elefanten?«

»Elefantenkälber, ja, Sir.«

»Das ist ja – einmalig!«

Etwas Einmaliges war immer schwer zu finden für einen Cowboy, der mit einem Bären aufgewachsen war – einem Schwarzbären, den die Norris' Lulu nannten, obwohl es ein männliches Tier war, was allerdings keiner in der Familie genau zu überprüfen wagte. Auf einem Hügel, von dem man die vierzig Morgen Wildpark und Weideland der Familienfarm überblickte, hatte Lulu mit Bob, der damals noch ein Kind war, im Sommer hin und wieder unter einer alten Eiche ein Schläfchen gehalten. Er legte dann seine Pfote auf

Bobs Brust, und beim sommerlichen Summen der Bienen, den Gesängen der Drosseln und den Schreien der Eichelhäher schlummerten die beiden ein. Lulu war ein liebes, sanftes Waisenkind, das Eiscreme und Honig liebte und dessen Freude darüber rein und lauter war. Bobs Vater hatte ihn vom Fleck weg bei sich aufgenommen. Ein solch spontaner Entschluß war nichts Ungewöhnliches für den älteren Norris. Die Norris' waren eine ungewöhnliche Familie, und der Ungewöhnlichste von allen war Bobs Vater.

Lester Norris war Farmer und Künstler. Für Walt Disney hatte er die Figuren für *Tinkerbell* und die *Drei kleinen Schweinchen* gezeichnet, seine Kunst dann aber zugunsten der Welt des Geldes an den Nagel gehängt. Bob vermißte seinen Vater, wenn er daran zurückdachte, wie er jeden Morgen mit seinem eleganten Dusenberg ins Büro gefahren und jeden Nachmittag pünktlich auf die Minute wieder nach Hause gekommen war. Dann hatte er sich einen Cocktail gemixt, und nach dem Abendessen war er sofort zu Bett gegangen. Wenn Bob morgens aufstand, war er bereits aus dem Haus. Daß Bob seinen Vater damals sehr vermißt hätte, konnte man jedoch nicht sagen: So wie er wollte Bob später einmal nicht leben. Wozu hatte man Tiere, wenn man nicht bei ihnen sein konnte? Und wozu hatte man Kinder?

Lester Norris fuhr täglich ins Büro, betrachtete sich aber auch als Farmer – als Gentleman-Farmer. Er war ein Mann der Gegensätze: Künstler, Cartoonist, Pragmatiker, Farmer und Investor. Sein Kopf beherrschte sein Herz, und die Finanzen beherrschten seine Kunst. Seine Kreativität litt unter seinen geschäftlichen Aktivitäten und versiegte schließlich ganz, und von da an war er für Bob und seine Geschwister nicht mehr der Vater, der er früher gewesen war, nicht einmal der, der er selbst hätte sein wollen. War er zu Hause, hatte er kaum Zeit für seine große, weiter wachsende Familie und für das einfache Leben, das die Tiere der Farm für Bob symbolisierten.

Tiere wie Lulu waren für die Norris-Kinder Freunde. Lester Norris wollte, daß sich das Leben seiner drei Söhne und zwei Töchter um Tiere drehte, sie sollten für sie sorgen und sich mit ihnen anfreunden. Auf der Farm in St. Charles, Illinois, gab es die üblichen Reitpferde und Milchkühe, Kaninchen, Hühner und Ziegen und eben Lulu. Bobs Geschwister nahmen das alles als selbstverständlich hin, in Bob aber weckte die Familienmenagerie eine erste Ahnung seines tiefen Einfühlungsvermögens für Tiere. Von Menschen hielt er sich damals lieber fern.

Als Kind fand man ihn oft auf dem Rangierbahnhof von St. Charles, wo die Dampfloks einfuhren, rangierten und dann mit neuer Mannschaft wieder abfuhren, mit schnaubenden Maschinen, kreischenden Bremsen und dem Klirren von Stahl auf Verbundstahl. Der Geruch von Kreosot und Kohle, heißem Öl und verbranntem Holz wirkte berauschend auf einen Jungen seines Alters. Aber es war gefährlich dort. Man konnte von den Eisenbahnern verprügelt werden, wenn man erwischt wurde, in den Waggons fuhren zwielichtige Gestalten mit, und die schweren Stahlräder wären vor einem Kind auf den Gleisen niemals rechtzeitig zum Stehen gekommen. Doch Bob trieb sich immer wieder auf dem Bahnhof herum, besah sich alles und hoffte auf das Außergewöhnliche, das Unerwartete.

Im Spätsommer brachten die Güterzüge, die in St. Charles Wasser und Holz aufnahmen, oft Schafe von ihren Weiden zu den Märkten in Chicago. Regelmäßig ging dann ein Eisenbahner über den knirschenden Schotter die Waggons entlang, um nachzusehen, ob unterwegs Lämmer geboren worden waren. Er nahm sie ihren Müttern weg und warf sie auf das sonnenglühende Gleisbett, wo sie verendeten.

Bob verstand diese unmenschliche Grausamkeit nicht. Auf die Gefahr hin, eine Tracht Prügel zu bekommen oder gar eingesperrt zu werden, folgte er dem Mann und schnappte sich die verwaisten Lämmer, ehe sie starben. Im Gefühl einer göttlichen Mission rannte er mit ihnen weg und trug sie nach Hause.

Seine Mutter stand dann oft vor dem offenen Kühlschrank und fragte ihn: »Wer hat denn hier die ganze Milch getrunken?«

»Ich«, sagte Bob, der den Lämmern heimlich Milch zu trinken gegeben hatte.

Ihre Augen wurden schmal. Sie wußte, wo die Milch geblieben war, denn aus dem Küchenfenster sah man Lämmer umherhüpfen wie Grillen im Juni.

Bob wunderte sich über sich selbst und diese seltsame Gabe, mit der er nichts anzufangen wußte, diese große Liebe zu allen Tieren. Als er älter wurde, stieg er noch immer auf den Hügel bei der Farm und blickte über das Weideland. Kühe und Pferde grasten dort unten, und von Zeit zu Zeit überzog sich der Himmel mit Wolken so weiß wie Wolle. Er fragte sich, was mit ihm los sei: Mit Tieren kam er besser zurecht als mit Menschen, und sie waren ihm auch lieber. Tiere logen und betrogen nicht, sie waren einfach, ehrlich und selten nachtragend. Er verstand sie, er verstand ihre Freuden und ihren Schmerz, ihre Bedürfnisse und Wünsche und ihre Wildheit.

Nicht daß er sich nicht hätte einfügen können. Er war sogar durchaus beliebt. Das war es nicht, was ihn zum Nachdenken auf den Hügel trieb. Aber er wollte sich nicht in die Business-Welt seines Vaters einfügen. Bobs Welt waren die Tiere und das Land. Und die Frage, die er sich stellte, lautete: Wie konnte er sich in dieser Welt ein Leben aufbauen?

Lulu war ein treuer Freund. Aber er war auch ein Bär, und als er größer und stärker wurde und seine Stahlkette wie einen Bindfaden zerreißen konnte, kam und ging er, wann und wohin es ihm beliebte, bis er schließlich die Nachbarn in Angst und Schrecken versetzte. Bobs Vater befürchtete ein Unglück, und was würde dann aus Lulu werden? Würde der Sheriff ihn erschießen? Bob war tagsüber in der Schule, und Lulu wanderte allein umher. Nach einem Zwischenfall mit den Nachbarn riet der Sheriff Bobs Vater, sich von dem Bären zu trennen. Widerstrebend brachte man ihn in den Zoo von Elgin, Illinois.

Bob war untröstlich. Zwischen ihm und dem Bären hatte Einvernehmen geherrscht, eine tiefe, geheimnisvolle Verbundenheit. Lulu war längst nicht mehr nur ein Tier für Bob, wenn das überhaupt je der Fall gewesen war.

Ein Jahr später machte Bobs Klasse einen Ausflug in den Zoo von Elgin. Bob war aufgeregt, um seinet- und um Lulus willen, aber er erzählte keinem seiner Klassenkameraden von Lulu. Sie gingen von Gehege zu Gehege, und schließlich kamen sie zu den Bären. Es war ein typisches Freigehege mit einem Wassergraben, einer künstlichen Höhle und Felsen, die das Gelände möglichst natürlich erscheinen lassen sollten. Die Kinder drückten ihre Nasen an den Metallzaun. Lulu saß in der Sonne. Als er Bob erspähte oder auch witterte, knurrte er, was Bob als Einladung verstand, zu ihm in den Käfig zu kommen. Außer sich vor Freude nahm er die Einladung an und tat etwas, das in den Augen der anderen heller Wahnsinn sein mußte. Als Lulu mit vor Freude oder auch vor Hunger mahlender Zunge auf ihn zugetrottet kam, kletterte Bob über den Zaun. Er streckte die Hand nach dem Bären aus, rief seinen Namen und kraulte ihn hinter den Ohren. Lulu leckte ihm übers Gesicht. Der Wärter, der Bobs und Lulus Geschichte nicht kannte, war einer Ohnmacht nahe.

»Nicht bewegen, Junge, ich komme! Nicht bewegen! Bleib ganz ruhig!«

»Okay«, sagte Bob. Er lachte und spielte mit Lulu, und seine Klassenkameraden schauten entsetzt zu. Hinterher gab er keine Erklärungen ab, und das Geheimnis seiner magischen Fähigkeit, wilde Tiere zu bändigen, trug ihm den Ruf des außergewöhnlichsten Jungen weit und breit ein, ganz besonders unter den Mädchen.

Bob war ein wilder Junge, der nichts als Unfug im Sinn hatte und gern im Rampenlicht stand. Schule, Bücher und Lehrer verursachten ihm Unbehagen. Er liebte es, sich an der frischen Luft zu bewegen und arbeitete deshalb besonders gern als »Fuchs« für den Jagdclub von Dunham Woods, wo er die Aufgabe hatte, einen Jutesack mit einem Duftköder hinter seinem Pferd herzuschleifen. Er versetzte sich in den Fuchs, er *war* der Fuchs, der vor den Fängen der Hunde flüchtet. Er überlistete sie, indem er durch Wasser ritt und eine Köderspur auslegte, die sie im Kreis herum führte. Irgendwann sagte ihm der Hundeführer des Clubs, er solle es den Jägern doch nicht so schwermachen.

Inzwischen konnte sich Bob in alle Tiere einfühlen, ob Exoten oder einfache Farmtiere. Sie kamen zu ihm, kommunizierten mit ihm durch ihr Verhalten, schenkten ihm ihr Vertrauen, legten ihr Leben in seine Hände.

Er war viel mit seinem Großvater zusammen, einem hochgewachsenen Mann mit festen Gewohnheiten und Ansichten. In jüngeren Jahren war Robert Angell auf einer Dreieinhalbtausend-Morgen-Ranch in den Santa-Lucia-Bergen an der Küste Kaliforniens ein echter Cowboy gewesen. Jetzt war er im Ruhestand und hielt seinem Enkel philosophische Vorträge. Er besaß ganze Stapel von Groschenheften mit romantischen Cowboygeschichten aus dem Wilden Westen, die Bob alle las, und erzählte von seiner Ranch, von Sätteln, Lassos und silberverziertem Zaumzeug, vom Leben in den alten Zeiten. Manchmal saßen sie abends dicht beieinander vor dem Emerson-Radio und hörten *Lone Ranger*. Diese Abenteuergeschichten von Männern und Jungen, die so lebten, wie Bob es sich wünschte, waren für ihn weit mehr als nur Unterhaltung. Er wollte werden wie sie.

Am Lagerfeuer sprach Bob später manchmal mit ernster Miene von jenem Moment, in dem Cowboyträume und Realität zusammentreffen. »Ich möchte ja nicht sentimental werden, aber ...«, so begannen seine Geschichten, die sich im Wesentlichen um die Tugend der Eigenverantwortung drehten. »Als Cowboy ist man ganz auf sich gestellt. Man kommt zwangsläufig in Situationen, aus denen einem niemand heraushilft. Man muß mit allem, was passiert, fertigwerden.«

Eines Tages, so erzählte er, war er mit einer Stute namens Mrs. Honey unterwegs gewesen, um Zäune in dem an sein Land angrenzenden Staatsforst zu kontrollieren und die Eisschicht über den Wasserstellen zu durchstoßen, als ihn ein Schneesturm überraschte. Nach wenigen Minuten sah er nichts mehr. Eisnadeln peitschten ihm ins Gesicht. Bobs Phantasien von Momenten höchster Gefahr waren Wirklichkeit geworden. Er verlor die Orientierung und drohte zu erfrieren. Da vertraute er sein Leben seinem Pferd an. Er ließ die Zügel lose und sagte: »Bring mich nach Hause, Mrs. Honey.«

Er machte seine Jacke zu, schlug den Kragen hoch und senkte das Kinn auf die Brust. Seine Hände in den ledernen Arbeitshandschuhen waren steif vor Kälte, seine Füße in den Steigbügeln fühlten sich an wie Steine, und in seinen Augenbrauen hing dick das Eis. Er hätte schwören können, daß Mrs. Honey in die falsche Richtung ging. Am liebsten hätte er ihr gesagt, sie solle umkehren, aber er wußte nicht, wohin, und so überließ er sich ihrer Führung. Es gab in diesem Augenblick keine anderen Menschen mehr auf der Welt, und er fühlte sich so sehr eins mit seinem Pferd, als wäre er selbst eines. Er wußte, die Stute würde ihn schützen, und wenn es sie das Leben kosten sollte.

Stunden vergingen, das Wetter wurde immer schlechter, und Mrs. Honey sank mit ihren schlanken Beinen tief in den Schneewehen ein. Bob kauerte über ihrem Hals und machte nicht einmal mehr den Versuch, die Richtung zu erkennen. Er glaubte, sterben zu müssen, und rief sich die schönen Augenblicke seines Lebens in Erinnerung. Er redete der Stute gut zu. Sie sollte wissen: Es war nicht ihre Schuld.

Plötzlich blieb Mrs. Honey stehen. Bob erwachte aus seiner Erstarrung. Er glaubte, sie könne nicht mehr weiter und warte nur noch auf ihr Ende. Es war vorbei. Er schob seinen Hut zurück und hörte das Eis an der Krempe und an seinem Kragen knacken. Mrs. Honey stand vor dem Gatter der Koppel.

Der Cowboy und seine Tiere lebten füreinander. Es war ein Leben, das nichts anderes brauchte als einen Horizont. »Es ist zwei Uhr nachts, und du steigst aus dem warmen Bett, reitest bei dreißig Grad unter Null durch den Schnee und schiebst einer Kuh die Hand hinten rein, um ein Kalb rauszuziehen. Der Schnee weht dir in den Kragen, die Kuh versucht, dich aufzuspießen, das Pferd schlägt aus, und trotzdem tust du's. Du tust es, weil du das Leben liebst.

Ich will mich ja nicht weiter darüber verbreiten, aber vor kurzem hab ich mit meinem Pferd Big Bob Kühe ausgesondert. Ich hatte meine Kronenrandsporen an; die Kugelsporen wären besser gewesen. Plötzlich hat sich ein großes Kalb herumgeworfen und an mich gedrängt, mein Fuß ist hängengeblieben, und ich hab Big Bob die Sporen in die Flanken gerammt. Er ist herumgewirbelt, und ich konnte mich gerade noch festhalten. Es ist eng in dem Pferch, und außen herum sind Stahlpfosten. Dann hat er mich abgeworfen, und ich wollte nicht, daß er mich mitschleift und auf mich tritt und bin mit dem Kopf genau gegen einen von diesen gottverdammten Pfosten geprallt. Die Beule war nicht von schlechten Eltern, kann ich euch sagen. Aber ich hatte Angst um Big Bob.«

Bobs Traum, Cowboy zu werden, wurde auch von einer unbändigen Energie genährt, die er von der Familie seiner Mutter geerbt hatte. Sein Großonkel John Gates verkörperte den Pioniergeist des Westens, der Bob so faszinierte. Gates war ebenso draufgängerisch wie wohlhabend, ein Spieler durch und durch, der mit den Ranchern in der Gegend um San Antonio wettete, daß er eine Longhornherde in einen Pferch aus dreißig

Strängen des Stacheldrahtes treiben könne, den er ihnen verkaufen wollte. Sie nahmen die Wette an, und da der Draht standhielt, machte Gates ein Vermögen, das er in Eisenbahnen, Stahl und Öl investierte. Seine Firma nannte er schlicht und einfach »Texas Company«.

Nach seinem Tod 1911 fiel ein Teil seines Vermögens an Bobs Mutter, seine Lieblingsnichte. Seine kleine Mineralölgesellschaft war da bereits in »Texaco« umbenannt worden.

In den heiligen Hallen der Eliteuniversitäten war kein Platz für Bobs Pferd, und allein wollte er nicht nach Yale, wo er in die Schwimmannschaft aufgenommen werden sollte. So ging er an die University of Kentucky, wo man Pferde mitbringen durfte, und studierte vier Jahre lang Land- und Viehwirtschaft. Über Verhalten und Angewohnheiten von Pferden und Rindern, ihr Denken und ihre Eigenheiten wußte er oft mehr als seine Lehrer, doch jetzt lernte er ihre Anatomie, ihre Muskeln und Knochen kennen und versuchte, durch das Studium der Tiere sich selbst zu studieren.

Er wollte Cowboy werden, aber er war nun einmal der Sohn eines reichen Geschäftsmannes und wußte nicht, wie er sein Ziel erreichen sollte. Er hoffte, die Universität würde ihm einen Weg zeigen, und wartete auf den richtigen Moment.

Unterdessen spielte er mit Begeisterung Football. Im Spätherbst seines dritten Studienjahres, als die Mannschaft im Schneegestöber trainierte, wurde einer der Spieler, ein Freund von Bob, bewußtlos geschlagen. Bob lief zu ihm und nahm ihm den Helm ab, doch der Coach, Paul »Bear« Bryant, rief ihm zu: »Faß den Mann nicht an!«

»Okay, Sir, ich hol eine Trage.«

»Nein. Spiel weiter.«

Fünfunddreißig Minuten vergingen, bis Bryant endlich »Pause«! rief.

Bobs Freund lag von Schnee bedeckt da, noch immer bewußtlos. Bob hob ihn hoch, trug ihn vom Feld und legte ihn auf den Rücksitz seines Wagens. Im Krankenhaus wurde eine Gehirnerschütterung diagnostiziert.

In der Nacht konnte Bob nicht schlafen. Er war wütend und traurig, seines Freundes, aber auch Bryants wegen. Er hatte den Respekt vor ihm verloren. Am nächsten Tag ging er mit seiner Footballkleidung unterm Arm in sein Büro und sagte: »Der Mann ist ein Freund von mir, Coach. Wenn wir uns weh tun, macht uns das nichts aus, keinem von uns. Aber was Sie getan haben, das war nicht in Ordnung ...«

Um ein Gefühl für das Cowboyleben zu bekommen, arbeitete er in den Sommerferien auf Colonel Bakers Flying L. Ranch in Banderra, Texas.

Es war von Anfang an so, wie er es sich vorgestellt hatte, und es war noch viel mehr. All die Jahre hatte er darauf gewartet, daß seine Träume Wirklichkeit wurden, und jetzt war alles da: das Viehtreiben und die *Stampedes*, das Schlafen auf einer Pritsche, die Küchenwagen und der erlösende Ruf des Kochs zum Essenfassen. Vom Bimmeln des Frühstückstriangels begleitet, warf ihn der Verwalter der Ranch um drei Uhr morgens mit einem Tritt aus dem Bett. Geduckt lief er zur Remuda und sattelte sein Pferd Coyote. Den ganzen Sommer über trieben sie fünfzehnhundert fast wilde Longhorns über das knochentrockene Land, aßen Bohnen von Blechtellern und schliefen mit Klapperschlangen und Krötenechsen unter freiem Himmel. Bob hielt den Mund geschlossen und die Augen offen. Die regulären Helfer der Flying L. Ranch, rauhe Männer, die älter waren als er, hielten nichts von einem Collegestudenten, solange er sich nicht durch seine Arbeit ihren Respekt verdient hatte.

Eines Morgens war der Augenblick gekommen. Die Sonne stieg weiß über dem bleichen Horizont auf und kündigte einen heißen, staubigen Tag an. Der Verwalter öffnete ein Gatter, damit die Tiere eine zweispurige Landstraße überqueren konnten. Bob, der wie üblich Coyote ritt, befand sich hinter der Herde. Widerwillig schoben sich die Tiere durch das Gatter.

Stundenlang war kein Auto vorbeigefahren, doch jetzt kam ein knallrotes Buick-Kabriolett in rasendem Tempo heran, direkt auf die Herde zu. Bob sah es als Erster. Er erstarrte. Der Fahrer hupte, die Tiere erschraken und stürmten staubaufwirbelnd und mit gesenkten Hörnern in Panik durch das Gatter zurück, direkt auf Bob und Coyote zu.

Das alles spielte sich in Sekundenbruchteilen ab. Bob gab Coyote die Sporen, und sein Pferd wußte instinktiv, was es zu tun hatte. Über zwei Meilen galoppierten sie neben den Rindern her und drängten sie seitlich ab, bis sie langsamer wurden und schließlich stehenblieben.

Bob und Coyote hatten es geschafft, ohne fremde Hilfe, nur sein Pferd und er.

Der Verwalter, ein Mann, zu dem Bob aufsah, sagte etwas, worauf Bob seit Jahren gewartet hatte: »Jetzt bist du ein richtiger Cowboy.«

Colonel Baker, der Besitzer der Flying L. Ranch – er war mit Hut nur einen Meter fünfzig groß und ging am Stock –, war ein bekannter Rancher und ein noch bekannterer Pilot und Fluglehrer. Nach einiger Zeit beschloß er, daß es für Bob an der Zeit sei, fliegen zu lernen.

Bob war nicht eben erpicht darauf. Erst glaubte er, der Colonel nehme ihn in seiner Piper Cub J-3, einer stoffbespannten Holzkonstruktion, nur zum Vergnügen mit, doch in der Luft forderte der Colonel ihn plötzlich auf, die Steuerung zu übernehmen. Da Bobs Cowboystiefel zu groß für das Fußsteuer waren, zog er sie in der schwankenden Maschine eilig aus und flog, während der Colonel ihm über die Schulter Anweisungen zurief, einen weiten Bogen. Nach der Landung stieg Colonel Baker aus, zündete sich eine Zigarette an und tat ein paar Züge.

»Dreh eine Runde«, sagte er zu Bob, der noch im Flugzeug saß.

»Wie bitte?«

»Mit der Maschine, Dummkopf. Dreh eine Runde.«

»Meinen Sie wirklich, ich kann das schon?« Bob war nicht davon überzeugt.

»Ja. Zieh sie hoch, flieg aber nicht in der Gegend herum.«

»Also, gut.« Bob schloß das Fenster, und irgendwie hob er ab. Er flog nicht in der Gegend herum. Mit einem Rumms und viel Gerüttel brachte er die Cub wieder auf den Boden. Vor Erleichterung stieß er einen lauten Schrei aus. Er rollte zum Colonel, der noch die Zigarette zwischen den Fingern hielt, öffnete das Fenster und fragte ihn nach seiner Meinung.

»Jetzt kannst du fliegen«, sagte Colonel Baker lakonisch.

Fliegen paßt zum Cowboysein, dachte Bob. Man redet nicht groß darüber, man tut es einfach.

Die Mädchen bekamen weiche Knie, wenn sie Bob und seinen Bruder Bud sahen, ihren Eltern dagegen wurde flau in der Magengegend, wenn von den beiden die Rede war. Sie waren leichtsinnig. Sie ritten schnell, fuhren noch schneller Auto und waren hinter den Mädchen her. Sie tranken tüchtig, sie spielten, sie prügelten sich. Bob wußte genau, welche Mädchen ihm gefielen. Für Schönheit glaubte er einen Blick zu haben. Pferde kannte er allerdings noch besser als Frauen, und wenn er ein Auge auf eine Frau warf, verglich er sie mit einem Fohlen. Er sah auf Stil, Klasse und Geist. »Wenn eine Frau Klasse und Stil hat«, sagte er, »fällt sie auf. Ihr wißt schon – Augenappeal. Das ist für jeden etwas anderes. Was ich perfekt finde, ist für euch vielleicht alles andere als perfekt. Zum Glück.«

Schon auf der Highschool war ihm ein Mädchen aufgefallen, dessen Schönheit andere erblassen ließ. Jane Angell war der Traum aller Jungen, doch Bob war der einzige, der den Mut hatte, es ihr zu sagen. Er brachte sie von der Schule nach Hause, er trug ihr die Bücher, und bevor sie sich zum ersten Mal küßten, hatte er bereits beschlossen, sie zu heiraten, am liebsten sofort. Doch er wußte, daß seine Eltern das niemals zulassen würden, und so setzte er sich einen Termin: den zehnten Juni neunzehnhundertfünfzig – sechs Jahre später. »Ich habe nur gehofft, lange genug zu leben, um Jane zu heiraten. Ich hab dafür gebetet.«

Doch in der Zwischenzeit verlobte Jane sich mit einem anderen. Bob schwor, ihn umzubringen. Oder vielleicht würde er selbst irgendwie ums Leben kommen, eine denkwürdige Tragödie, über die Jane ein kummervolles Altjungfernleben lang nicht hinwegkommen würde. Statt dessen unterzeichneten die Verlobten die Übertragungsurkunde eines neuen Hauses, Einladungen wurden verschickt, Blumen bestellt, Hochzeitsgeschenke stapelten sich auf dem Eßzimmertisch der Angells, und Jane kaufte sich ein Kleid mit langer Schleppe.

»Vielleicht hätte ich ihn ja wirklich umgebracht, oder er mich. Aber naja ... der liebe Gott hat mich davor bewahrt.«

Der liebe Gott oder auch seine zukünftige Frau. Denn im letzten Augenblick sah Jane ihren Fehler ein. Sie sagte die Hochzeit ab, und nachdem ihre Eltern sich von dem Schock erholt hatten, nahm sie Bobs Antrag an. Die Hochzeitsreise führte die beiden in den Westen, wo sie sich nach einem geeigneten Platz für eine Ranch und eine Familie umsahen.

Schließlich ließen sie sich auf einem Stück Land bei Colorado Springs nieder, über das vor langer Zeit die großen Longhornherden aus Texas zu den Verladestationen getrieben worden waren. Eine der großen Ranchen Amerikas sollte hier entstehen. Die weiten, offenen Flächen mit ihrem blauen Himmel und dem fernen Horizont, mit Steppenhexe und Salbei waren ein Paradies für Bob, ein Paradies für Kinder und Familie. Auf seiner eigenen Ranch, mit seinen eigenen Rindern und Pferden würde er so leben, wie die Menschen hier seit hundert und mehr Jahren lebten. Als Brandzeichen für sein Vieh ließ er ein »T« registrieren.

Bob gründete eine Familie, verdiente seinen Lebensunterhalt als Cowboy und machte sich einen Namen.

Er und Jane waren ein schönes Paar, eines der auffallendsten, die man in diesem Teil Colorados je gesehen hatte. Er war einen Meter achtundachtzig groß, schlank und muskulös, mit einem breiten, trägen Lächeln und haselnußbraunen Augen unter schweren Lidern in dem von Sonne und Wind der Rocky Mountains gegerbten Gesicht, ein Mann, an dem die Wrangler-Jeans und die Stiefel, das einfarbige Hemd und der Resistol-Hut irgendwie besser und natürlicher aussahen als an anderen.

Jane, eine anmutige Frau mit schwarzem Haar und weichen Zügen, war stiller als er. Sie lachte über seine Witze, erschauerte angesichts seines Wagemuts und sorgte sich bei allem Glanz und Reiz, bei aller harten Arbeit und allem Kampf stets um seine Unversehrtheit. Nur ein Teil von ihr, jener Teil, der das Rancherleben liebte und seine Entbehrungen bereitwillig ertrug, nahm die Gefahren in Kauf. Als Mutter von vier Kindern und Ehefrau eines Mannes, dessen Credo die Eigenverantwortung war, hatte Jane reichlich Anlaß zur Sorge und unterschied daher scharf zwischen unvermeidbarem Risiko und Draufgängertum. Über diesen Punkt konnten sie und Bob sich niemals einigen, und das Thema kam über viele Jahre immer wieder zwischen ihnen zu Sprache.

Jane hatte immer gewußt, was Tiere für Bob bedeuteten, und dennoch war sie manchmal verblüfft, wieviel Zeit und Energie er ihnen widmete. Hin und wieder schien er darüber sogar den Kontakt zu den Menschen zu verlieren, selbst zu ihr und den Kindern. Sprach sie ihn darauf an, konnte sie sicher sein, daß er gar nicht verstand, was sie meinte. Vorerst beließ sie es dabei.

Als Hausfrau waren ihre Tage von reger Betriebsamkeit erfüllt. Sie wußte, daß Bob sein Geld damit verdiente, auf dreiundsechzigtausend Morgen Weideland Tiere zu züchten. Unter seinen Rindern befanden sich dreitausend Muttertiere, und er besaß dreißig bis vierzig Pferde aller Grade der Wildheit und des Temperaments. Sie akzeptierte auch, daß Pferde ihre Reiter verletzen können. Als Big Bob seinen Herrn einmal mit voller Wucht gegen die Brust trat und ihm mehrere Rippen und das Brustbein brach, pflegte sie ihren Mann ohne ein Wort des Vorwurfs wieder gesund. Ritten ihre Söhne aber zu waghalsig, stürzten vom Pferd und kamen mit gebrochenen Knochen heim, hatte sie dafür weniger Verständnis. Sie begriff nicht, wie sich die Menschen, die sie liebte, unnötig in Gefahr begeben konnten.

Ihrer Ehrlichkeit und ihres Charakters wegen waren die Norris' geachtete Mitglieder der Gemeinde. Auch die größten Klatschbasen hatten nichts Negatives über sie zu berichten. Bob hielt stets Wort und ging sonntags mit seiner Familie in die Kirche, um zu beten – und seine T-Cross-Ranch zeugte weithin von Gottes schützender Hand. Bob kannte ihre Topographie wie seine Westentasche, und er beobachtete, wie schnell sich das Land mit dem Eintreffen anderer Familien, die ebenfalls ein Stück vom Westen haben wollten, veränderte. Fast von Anfang an betrachtete er sich als Angehörigen einer aussterbenden Art.

Ein Rancher wurde in erster Linie nach seinen Pferden beurteilt, und die Tiere in Bobs Stall galten als außergewöhnlich. Die Rasse, die er züchtete, war das Quarterhorse, »Amerikas Pferd«, wie es genannt wird, das erste in den Vereinigten Staaten heimische Pferd, hervorgegangen aus orientalischen Linien spanischer Pferde, vermischt mit europäischen Warmblut- und später Vollblutpferden. Andalusier, Araber oder rein englische oder kontinentaleuropäische Pferde reizten Bob nicht. Er war Amerikaner, und er wollte amerikanische Pferde. Generationen von Cowboys hatten ihre Vorzüge bewundert und besungen. Das Quarterhorse ist ein muskulöses, ausdauerndes, kompakt gebautes Tier, dessen ausgeglichenes Temperament sich gut für die Vieharbeit eignet. Über kurze Strecken ist es schneller als jedes andere Pferd, so daß es bei den unberechenbaren Ausbrüchen der Rinder mühelos Schritt halten kann. Es ahnt die Reaktionen der Tiere voraus.

Rinder wehren sich dagegen, von ihren Artgenossen getrennt zu werden, und bleiben wie Fischschwärme zusammen. Ein Tier von der Herde abzusondern ist daher eine schwierige, anstrengende Arbeit, die ein harmonisches Miteinander von Pferd und Reiter erfordert. Das Pferd läßt die Kuh nicht aus den Augen. Durch Finten mit dem Kopf zwingt es sie in eine bestimmte Richtung, nutzt die Lücke, und das Ziel ist erreicht. Bob und seine Pferde taten ihre Arbeit mit tänzerischer Anmut. Er lenkte sie durch einen leichten Druck der Schenkel oder der Sporen oder durch eine kurze Berührung der Zügel. Er war wie ein Zentaur, halb Mensch, halb Pferd, und beides von seltener Klasse.

Bob trainierte seine T-Cross-Pferde selbst, vom Einreiten bis hin zur Teilnahme an Wettbewerben. Mit den Jahren entwickelte er seine eigenen Methoden, ihnen Gehorsam beizubringen. Er hielt sich an die simple Regel, ein Pferd niemals zu bestrafen.

Statt dessen benutzte er Karotten, wie Colonel Baker auf der Flying L in Banderra, der jeden Morgen mit der Tasche voller Karotten aus dem Haus gekommen war, um seine Pferde zu begrüßen. »Es gibt kein Tier, bei dem du mit einer Karotte nicht mehr erreichst als mit dem Stock«, sagte er. Zu Beginn des Tages stand er neben dem Stall, pfiff und hielt eine frische Karotte hoch, und die Pferde auf der Weide spitzten die Ohren und kamen angaloppiert. Er brachte sie so weit, daß sie es kaum erwarten konnten zu tun, was er von ihnen wollte. Er haßte es, abgeworfen zu werden, denn die Erde war hart, und je älter er wurde, desto härter wurde sie.

An den Sattel gewöhnte er die Pferde mit gesundem »Pferdeverstand«. Den Anfang machte er in einem Pferch. Er betrat die Umzäunung mit einem Sattel über dem Arm, Zaumzeug und einem kurzen Führseil. Meist war das Pferd unruhig und scheu. Mit vorquellenden Augen zog es sich in den hintersten Winkel des Pferchs zurück. Leise redend und wie absichtslos ging Bob auf das Tier zu. Er berührte es, und sobald es sich entspannte, legte er ihm den Sattel auf und führte den Gurt unter seinem Bauch durch. Die Zügel ließ er lose. Lief das Pferd weg, zog er seinen Kopf herum, bis es stehenblieb. Er dirigierte das Tier. Er gab Signale mit Stimme und Hand, wandte das Pferd nach rechts und links und führte es an dem Seil im Kreis. Das alles war »Vorarbeit«, die sich bezahlt machte, wenn es ans Aufsitzen ging. Bob stellte den Fuß in den Steigbügel, redete mit dem Tier, schwang dann das Bein über seinen Rücken und setzte sich. Das wiederholte er vier- oder fünfmal, und bald verstand das Pferd ihn, ohne noch überrascht zu sein. Als nächstes wurde es neben einem anderen Pferd her geführt, an dessen Sattelhorn es angebunden war. Stieg es oder versuchte auszubrechen, kam es nicht weit. Dann wurde das Seil gelockert, und Bob nahm die Zügel wieder auf und ritt am Zaun entlang. Jetzt reagierte es auf die Hilfen, die er ihm gab.

»Gesunder Menschenverstand«, sagte er.

Bob verstand nicht, weshalb man – außer beim Rodeo – Pferde buckeln ließ. »Ich fand das immer idiotisch«, sagte er. »Es ist grausam und dumm, denn sobald ein Pferd merkt, daß es dich abwerfen kann, hast du ein

Problem. Bring ihm was Nützliches bei, dann mußt du's ihm nicht wieder abgewöhnen.«

Bob erlaubte seinen Pferden, ihre eigene Persönlichkeit zu entfalten und auf ihre eigene Weise auf die Welt um sie herum zu reagieren.

»Jedes Pferd ist von den Muskeln und Knochen her anders gebaut«, sagte er. »Warum sollte sich da nicht auch jedes Pferd anders bewegen?«

Big Bob, sein Lieblings-Quarterhorse, steckte voller Überraschungen. Immer geschah etwas Unerwartetes, wenn er es ritt.

Einmal trieben seine Cowboys das Vieh auf ihn zu. Er saß träge auf Big Bob und sah die weiße Färse nicht, die plötzlich »wie ein Gespenst« über der Hügelkuppe auftauchte. »Im nächsten Moment saß ich mit den Zügeln in der Hand in der Luft«, erzählte er und lächelte bei der Erinnerung. »Typisch Big Bob. Er ist unberechenbar. Das hat er im Blut. Seine Ziehmutter war nicht sehr helle.« Dann fügte er hinzu: »Aber es gibt kein besseres Pferd, und seine richtige Mutter war eine Schönheit ...«

Bob war Rancher geworden, um bei seinen Kindern und seinen Tieren sein zu können. Die Familie wohnte in einem Haus, dessen Bau dreizehntausend Dollar gekostet hatte. So einfach es war, so prachtvoll war die Landschaft ringsum mit den Rocky Mountains in der Ferne und den sanften Hügeln davor, die im Frühling von farbenprächtigen Blumen und im Winter von gleißendem Schnee bedeckt waren. Wenn die Kinder nicht in der

Schule waren, ritten sie mit ihrem Vater und oft auch mit ihrer Mutter aus und »spielten Cowboy«, wie Bob es nannte.

»Wir haben gemeinsam gearbeitet. Wir brauchten uns nicht eigens etwas einfallen zu lassen, um die Familie zusammenzuhalten. Wir haben Zäune repariert, mit dem Vieh gearbeitet, alles, was auf einer Ranch so anfällt. Meistens hatte es etwas mit den Tieren zu tun. Die Kinder haben geholfen, das Vieh zu brandmarken und kranke Tiere zu behandeln. Man könnte sagen, meine Kinder sind mit mir großgeworden. Jane war die Hausfrau und Mutter. In zwanzig Jahren hat sie kein Essen zweimal aufgetischt. Sie hat sich das zum Beruf gemacht. Wir hatten Glück.«

Von Zeit zu Zeit stieg die Familie frühmorgens in den Sattel und ritt zu einer schöngelegenen Wasserstelle, in der Forellen ausgesetzt waren. Man warf die Leinen aus und briet die Fische zum Frühstück im Grünen.

Im Frühjahr half die ganze Familie beim Zusammentreiben der Herde. Man fing die Kälber mit dem Lasso ein, brandmarkte sie, gab ihnen Spritzen zur Vorbeugung gegen Krankheiten und ließ sie dann wieder zu ihren Müttern. Die Arbeit war schwer, und die Tage waren lang. Man aß am Lagerfeuer und schlief unter freiem Himmel.

Das Bemerkenswerteste war, wie normal und natürlich das alles war. Die Familie lebte, wie die Rancherfamilien seit Generationen lebten. Bobs Kindheitstraum war in Erfüllung gegangen.

Eines strahlenden Frühlingstages – Bob trieb gerade Pferde in die Koppel – sah er einige Männer am Stall vorfahren. Er hatte sie erwartet. Ein Bekannter von ihm hatte einer Werbeagentur in Chicago seine Ranch als Hintergrund für eine Fotoserie empfohlen, die für eine neue Zigarettenmarke namens Marlboro aufgenommen werden sollte.

Bob sah aus der Entfernung, wie einer der Männer sich mit einem Halstuch, einem perfekt gebügelten Hemd, nagelneuen Jeans und glänzend polierten Stiefeln, die er einem feinen italienischen Schuhkarton entnahm, als Cowboy verkleidete. Als Bob näherritt, bemerkte er die blasse Gesichtsfarbe des Mannes, die alsbald mit Make-up aus einem Schminkköfferchen überpinselt wurde.

»Howdy!« rief Bob ihm absichtlich etwas zu laut zu und sah auf ihn hinab.

Ein anderer Mann kam dazu und stellte sich als Neil McBain von der Werbeagentur Leo Burnett in Chicago vor, die den Marlboro-Mann erfunden hatte. Als Bob vom Pferd stieg, streckte McBain ihm die Hand entgegen und pries die Schönheit der T-Cross-Ranch. Die Gegend werde dazu beitragen, die richtige Stimmung zu erzeugen, meinte er und deutete auf den Pike's Peak im Westen, das Vorgebirge der Rocky Mountains, auf denen Licht und Schatten wechselten, und den bernsteinfarben leuchtenden Himmel.

»Was haben Sie vor?« fragte Bob ihn.

»Wir wollen Fotos von dem Cowboy machen, mit den Ställen, den Pferden und den Blumenwiesen im Hintergrund, wenn Sie nichts dagegen haben.«

»Sie sind mein Gast«, sagte Bob. Er sah zu dem verkleideten Cowboy hinüber.

McBain folgte seinem Blick. »Das ist unser Fotomodell.« Ihm war bewußt, wie lächerlich der Mann auf einen echten Cowboy wirken mußte. Aus einem Schrankkoffer voller Kleider hatte man einen Cowboy hervorzuzaubern versucht, und das war sichtlich mißlungen.

Was Bob störte, waren nicht die Kleider und nicht einmal das gute Aussehen des Fotomodells. Ein echter Cowboy war auf eine Weise mit dem Land und dem Leben verbunden, wie nur er sie kennt. Er war mit dem Pferd, das er ritt, ebenso eins wie mit dem Rind, das er mit seinem Lasso einfing. Er war eins mit der Natur. Keine Schminke und keine Kostümierung konnten eine solche Figur hervorbringen. Die Falten in Bobs Gesicht waren das Ergebnis vieler Jahre in Sonne und Wind, und genau das war es, was McBain suchte. Bob war der Inbegriff des Cowboys; er brauchte nicht auszusehen wie die gewünschte Figur, die Figur mußte aussehen wie er.

Bobs Nachbar und Rancherfreund Cordell Larsen gesellte sich zu Bob, setzte sich neben ihn auf den Zaun der Koppel und schaute zu, wie der Marlboro-Mann der Werbeagentur Gestalt annahm. »Beim Aufsitzen hab ich ihm sein Pferd gehalten«, erinnert sich Bob. »Im Sattel hat er ausgesehen wie ein Affe auf einem Football.«

McBain forderte den Mann auf, wieder abzusteigen. Nichts sah so aus, wie es sollte. »Ziehen Sie die Sachen aus«, sagte er. »Die sind zu sauber.« Er sah zu Bob hinüber. »Sie sind schon staubig, Mr. Norris. Wir können doch auch Sie nehmen, was meinen Sie?«

Bob grinste. »Man muß alles mal ausprobiert haben«, sagte er und stieg auf ein kräftiges Pferd namens Buck. Am Ende des Tages hatte der Fotograf Hunderte von Aufnahmen von Bob und Buck in verschiedenen Posen vor dem Hintergrund blumenübersäter Wiesen im Kasten.

»Wenn du glaubst, die nehmen deine Bilder wirklich, Norris, dann bist du komplett verrückt«, sagte Larsen.

»Kann schon sein«, erwiderte Bob.

McBain schickte ihm einen Scheck, und bald vergaß er die Sache wieder. Er hatte Wichtigeres zu tun: Frisch angeheuerte Helfer mußten eingearbeitet, neue Rancharbeiter beaufsichtigt werden. Die Kinder waren auf dem College, und Bob gewöhnte sich nur langsam an das Leben ohne sie. Sie waren aus dem Haus, sie würden heiraten und eigene Familien gründen. Bob fand sich damit ab, aber sie fehlten ihm.

Eines Tages rief sein ältester Sohn Bobby an. »Dad, hast du das neue LIFE gesehen?«

»Nein«, sagte Bob, »hab ich nicht.«

»Dann besorg's dir! Du bist mit Buck auf der Rückseite.«

Die nächsten zwölf Jahre wurde er von Marlboro dafür bezahlt, er selbst zu sein. In der Werbung wie im richtigen Leben fing er verirrte Kälber ein und arbeitete mit dem Vieh. Auf seinem eigenen Pferd ritt er mit und ohne Kamerabegleitung über Schnee-

felder und im Frühling über Blumenwiesen, an male-
rischen Wasserfällen und Bächen ließ er seine Pferde
trinken, mit einem neugeborenen Kalb quer über dem
Sattel stapfte er durch tiefen Schnee. Vor der Kamera
warf er Heuballen für das eingeschneite Vieh aus Hub-
schraubern ab, und mit dem Lasso in der Hand ver-
folgte er Wildpferde und Longhornrinder. Für Millionen von Zeitschriftenlesern und Fernsehzuschauern
war er der klassische amerikanische Cowboy. Und
er war echt.

Sein Markenzeichen war sein Hut, ein schöner
schwarzer 20-X-Resistol. Nie wurde er ohne ihn foto-
grafiert. Doch eines Tages, als Bob in Vail, Colorado, im
Red Lion Restaurant zu Abend gegessen hatte und zur
Garderobe ging, um Hut und Mantel zu holen, war der
Hut weg.

»Wo ist mein Hut?« fragte er die Garderobenfrau.

»Den hat jemand mitgenommen.«

Bob hielt die Garderobenmarke in der Hand.

»Ein Mann«, fügte die Frau hinzu. »Er wußte, wer Sie
sind, und wollte Ihren Hut haben.«

»Kennen Sie ihn?«

Sie nannte Bob einen Namen, der ihm zufällig bekannt war.

Der Mann arbeitete in Denver, und am nächsten Tag
fuhr Bob dorthin, betrat sein Büro und verlangte ihn zu
sprechen.

»Er hat keine Zeit«, sagte die Sekretärin.

»Doch, hat er.«

Bob öffnete seine Tür. Der Mann saß am Schreibtisch,

und Bobs Hut hing am Kleiderständer. Bob ging hinein, nahm den Hut und setzte ihn auf.

Es war sein Marlboro-Hut, doch in diesem Augenblick fragte er sich erschrocken: Bin ich der Marlboro-Mann, oder bin ich ich selbst? Für den Mann im Büro war er offenbar eine Ikone, doch als Ikone sah er selbst sich nicht. Wie lange es wohl noch so weitergehen würde?

In jenem Frühjahr erfuhr er eines Morgens aus der Zeitung, daß die Firma seines Großonkels John Gates vor dem Bankrott stand. Leute aus der Ölbranche machten schon seit Jahren Witze darüber, daß Texaco nicht einmal mehr an einer Tankstelle Öl finde. Das Unternehmen hatte kaum Rücklagen und versuchte deshalb, Getty Oil zu kaufen, eine Gesellschaft, die in noch nicht gefördertem Rohöl nur so schwamm. Aber die Sache hatte einen Haken: Getty hatte bereits einem anderen Käufer zugesagt, der Firma Pennzoil, die Texaco prompt verklagte. Ein Richter in Texas verhängte ein Bußgeld von elf Milliarden Dollar gegen Texaco, die nur durch den scheibchenweisen Verkauf des Konzerns hätten aufgebracht werden können. Es war das endgültige Aus für Texaco und zugleich der Anfang des größten Konkurses aller Zeiten – und der Beginn von Bobs kurzem Gastspiel in der Hochfinanz.

Sein Interesse an Texaco beschränkte sich nicht auf Aktien und Vermögen. Sein Vater war dort Vorstandsmitglied gewesen, und die Marke Texaco war Teil der Norrisschen Familiengeschichte. Bob fühlte sich verantwortlich für die Tausende kleiner und großer Investoren, die alles zu verlieren drohten, und sah seine Aufgabe als Großneffe des Gründers darin, zu retten, was noch zu retten war.

Die Konkursverhandlungen zogen sich in die Länge, und nach einigem Hin und Her entschloß er sich zu einem kühnen Schritt: Er begab sich in die Höhle des Löwen, ins Büro des Generaldirektors und Gründers von Pennzoil in Houston. Er setzte sich dem Mann Auge in Auge gegenüber und nannte eine Summe: drei Milliarden Dollar. »Ja oder nein.«

Bob wußte, daß texanische Aktionäre wie er selbst das Geld würden aufbringen müssen, aber drei Milliarden waren immerhin besser als die ursprünglich drohenden elf Milliarden. Die Zahlen tanzten ihm vor den Augen. Er fragte sich, was er eigentlich in dieser Räuberhöhle zu suchen hatte. Einen spannungsvollen Moment lang überlegte der Generaldirektor von Pennzoil und sagte dann zu Bobs unendlicher Erleichterung: »Damit kann ich leben, Bob.«

Eines Morgens beim Aufwachen wurde Bob etwas bewußt, das er sich bis dahin nicht wirklich klargemacht hatte: Der Marlboro-Mann verkaufte mit den Zigaretten Krankheit und Tod. Das paßte nicht zu dem Cowboy-Mythos, an den Bob glaubte.

Seine Eltern hatten ihr Leben lang geraucht und waren beide an einem Lungenemphysem gestorben. Daß zwischen Rauchen und tödlichen Krankheiten ein Zusammenhang bestand, bezweifelte längst niemand mehr. Bob dachte auch an seine Kinder und bot jedem von ihnen tausend Dollar, wenn sie das Rauchen aufgaben.

Eines Tages, als er zu Werbeaufnahmen in Texas unterwegs war, sagte er zum Produzenten der Agentur: »Das ist das letzte Mal.« Meine Kinder nennen mich ins Gesicht hinein einen Heuchler, dachte er, und sie haben recht. Es hat Spaß gemacht, der Marlboro-Mann zu sein, aber jetzt ist der Spaß vorbei.

»Den Job als Marlboro-Cowboy hat noch keiner freiwillig aufgegeben«, sagte der Produzent.

»Kann sein«, erwiderte Bob. »Aber ich hab's gerade getan.«

Der Westen hatte sich verändert. Die jungen Rancher züchteten jetzt Känguruhs, Strauße und Lamas und hatten ebensoviel mit der Börse zu tun wie mit den Schlachthöfen. Aus Mexiko und Südamerika kam billigeres Fleisch ins Land. Der Marlboro-Mann war eine zerbrochene Ikone. Bob war älter geworden, seine Kinder hatten inzwischen selbst Kinder. Die Augen seines Pferdes Big Bob waren eingesunken. Niemand brauchte Bob mehr so wie früher.

Die Kinder, Jane und ich hatten es gut miteinander, dachte er, aber die Zeit ist so schnell vergangen, und geblieben ist eine Leere. Ich war zu sehr damit beschäftigt, das Leben zu leben, um zu merken, wie es vergeht.

Was kann da noch groß kommen? fragte er sich.

KAPITEL DREI

Amys Ankunft

Amy suchte nach der Witterung ihrer Mutter und des Reviers ihrer Familie. Sie war inzwischen fast achtzehn Monate alt, aber noch nicht groß genug, um über die Stahltür hinaussehen zu können. Vorsichtig erkundete ihr Rüssel die Luft und landete schließlich auf den Nüstern eines Pferdes, das vor der Box stand. Sein Geruch vermischte sich mit dem der Luzerneballen und der scharfen Ausdünstung der Rinder. Forschend wanderte der Rüssel weiter aufwärts und fing den Duft von Bobs Rasierwasser ein. Bob saß auf Big Bob, und wenn er zu Amy sprach, schreckte sie ängstlich zurück, und ihr Rüssel verschwand wieder hinter der Tür.

Wenige Tage war es erst her, seit sie mit den anderen Elefantenkindern eingetroffen war. Es roch hier gar nicht so anders als in Afrika, und es sah auch nicht sehr viel anders aus: rötlich-gelbes Gras, Beifußgestrüpp und ein Himmel voller Wattewolken. Geräusche von Motoren, vor denen sie Angst hatte, und von Menschen, die sie verunsicherten, erfüllten die kühle,

trockene Luft. In der Ferne erhoben sich schneebe-
deckte Berge.

Bob hatte beim Entladen der Elefantenkälber zuge-
schaut. Eines nach dem anderen waren sie die Rampe
des Pferdetransporters hinuntergestapft und hatten
sich verzweifelt nach einem Versteck umgesehen. Nie
hatte Bob größeres Mitleid empfunden als mit diesen
sechs verwaisten, aus ihrer gewohnten Umgebung her-
ausgerissenen Tieren. Alles, was sie sahen und rochen,
war ihnen fremd. Er hätte sie gern beruhigt, aber er
wußte, daß jeder Versuch dazu ihnen nur noch mehr
Angst eingejagt hätte. Barry Jackson, ihr Besitzer, führte
sie am Rüssel zum Stall und durch die Stallgasse geradewegs in die Boxen, wo sie sich ängstlich an die Wand
drückten. Die untere Hälfte der quergeteilten Stalltür
wurde geschlossen. Jackson und Bob blieben draußen
stehen und sahen hinein.

»Niedlich sind die«, sagte Bob. Er konnte sich gar
nicht satt sehen an ihnen. Er wußte nicht, was ihn so
faszinierte. Noch nie hatte er einen Elefanten aus der
Nähe gesehen, und diese hier waren ganz anders, als er
sich Elefantenkälber vorgestellt hatte. Wie klein ihre
Rüssel waren und wie groß die Ohren! Ihr Ausdruck ver-
riet Intelligenz und Gefühl, und ihre braunen Augen
sahen ihn fast hilfesuchend an.

»Sie sind noch nicht ganz entwöhnt«, sagte Jackson.
»Sie fressen zwar schon Heu, brauchen aber auch noch
Milch.« Er sah sich um. »Ich habe Eimer und Milch im
Wagen. Es ist Zeit für die Fütterung.«

Bob fragte, ob er helfen könne, und gemeinsam machten sie sich an die Arbeit. Die Milch wurde in die Eimer geschüttet, und Bob holte Haferflocken und Getreide aus den Futtertrögen der Pferde. Als er zurückkam, kauerte Jackson vor einem der Tiere und gab ihm zu trinken. Etwas Milch schwappte aus dem Eimer, und Jackson fluchte leise vor sich hin.

Bob trat in die Box. Er tätschelte dem Tier den Kopf, strich ihm über die Flanke und redete ihm zu wie einem scheuen Fohlen. »Schon gut, schon gut«, sagte er und sah Jackson an. »Vielleicht sollten Sie ein bißchen mehr Geduld mit ihm haben. Es hat Angst und ist noch zu aufgeregt, um zu fressen.«

Jackson warf ihm einen Blick zu und fuhr mit seiner Arbeit fort.

»Darf ich mal?« fragte Bob.

Jackson stand sichtlich erleichtert auf.

Über eine Stunde blieb Bob bei dem Elefantenbaby. Als er wieder aufsah, war Jackson fort. Das Kalb hatte von den Haferflocken gegessen und den Eimer zur Hälfte leergetrunken. Es war jetzt ruhiger, doch als er es berührte, wich es zitternd zurück. Er richtete sich auf. »Ganz ruhig«, sagte er. »Ich bin gleich wieder da.«

Jackson war im Begriff aufzubrechen.

»Wie sind die Fütterungszeiten?« fragte Bob.

»Ich komme wieder, wenn Sie das meinen.«

»Ich will nur wissen, wie oft man den Elefantenkälbern beim Essen helfen muß. Ich will Ihnen nicht in die Quere kommen, Mr. Jackson. Die Tiere gehören Ihnen, Sie mieten hier nur die Boxen, das ist vollkommen klar.«

Jackson seufzte. »Eigentlich müßte man sich ständig um sie kümmern«, sagte er, »aber das geht nun mal nicht, damit müssen sie sich abfinden. Ich komme jeden Tag ein paarmal vorbei. Sie werden's schon schaffen.«

»Und was haben Sie mit ihnen vor?« fragte Bob.

»Ich will sie verkaufen. Ich hab's schon publik gemacht. Es wird sicher nicht lange dauern.«

»An einen Zoo?«

»Oder an einen Zirkus. An jeden, der mir den Preis zahlt, den ich haben will.«

»Wie hoch ist denn dieser Preis, wenn ich fragen darf?«

Jackson schwieg einen Moment. »Achtzehntausend Dollar.«

Bob pfiff durch die Zähne. Das machte für die sechs Tiere zusammen über hunderttausend Dollar. Aber er hatte keine Ahnung, was so ein Elefant wert war. Vielleicht waren achtzehntausend sogar noch günstig.

»Wieso haben Sie die Tiere eigentlich ausgerechnet hierher gebracht?« fragte er. Elefantenkälber im südlichen Colorado – das war nun wirklich etwas Ausgefallenes. Daß ein Importeur sie aus Afrika hierher holte, um sie an Zoos und Zirkusse zu verkaufen, bedurfte einer Erklärung.

»In Mexiko werde ich sie bestimmt los«, sagte Jackson. »Ich hoffe es jedenfalls. Die haben dort jede Menge Zirkusse.«

»Und warum haben Sie sie nicht gleich dorthin gebracht?« beharrte Bob.

»Weil das Flugzeug hier gelandet ist. Ich wollte sie

nicht noch mal umladen, ohne zu wissen, wohin ich sie verkaufe, verstehen Sie?«

»Eine stattliche Investition, die Sie da getätigt haben.«

»Allerdings.«

»Da ist der Aufwand verständlich.«

Jackson nickte. »Ich hatte allerdings nicht damit gerechnet, daß es hier so kalt ist. Elefanten mögen keine Kälte. Deswegen habe ich die Boxen bei Ihnen gemietet – damit sie's warm haben.«

Bob verabschiedete sich von ihm und ging in den Stall zurück, um seine neuen Gäste eingehender zu betrachten. Sein Interesse war geweckt.

Nachdem er bei Einbruch der Dämmerung zum letzten Mal nach den Elefanten gesehen hatte, ging er ins Haus, um Jane Bericht zu erstatten. Auch sie würde begeistert sein. Sie sammelte Elefantenfiguren. Auf dem Marmortisch in der Ecke des Wohnzimmers hatte sich im Laufe der Jahre eine ganze Herde afrikanischer und asiatischer Elefanten eingefunden, Kälber, Kühe und Bullen. Als Gruppe verkörperten sie alles, was Menschen und Elefanten seit jeher verbindet. Da gab es niedliche kleine, pastellfarbene Dumbos und idealisierte hilflose Babyelefanten, die kaum einen Anspruch auf Lebensechtheit erhoben; stolze, aggressive Bullen, mit hochgerecktem Rüssel und abgespreizten Ohren gleichsam im Angriff erstarrt, Elefantenkühe, runder als die Bullen, aber nicht weniger gebieterisch, mit ihren Kälbern an der Seite. Kaum ein Besucher kam ins Haus, der Jane nicht auf die Sammlung ansprach.

Jane liebte ihre Elefanten und deren magisches Flair.

Asiatische Elefanten sollen schwangeren Frauen, die dreimal unter ihrem Bauch durchgehen, Glück bringen. Sie müssen allerdings nach Osten schauen, so will es der Aberglaube, sonst wirkt der Zauber nicht.

Für Bob hatten sie eine andere Bedeutung. Er sah in ihnen den Inbegriff mächtiger und doch verwundbarer Wesen: Elefanten waren leicht auszumachen, zu jagen und zu töten und doch stark genug, um einen ebenbürtigen Feind zu besiegen.

»Sie sind kaum größer als deine Figuren«, sagte er zu Jane, um sie, was die Größe der Waisenkinder und die Schwierigkeiten des Umgangs mit ihnen anbelangte, zu beruhigen. »Du wirst sehen, sie sind einfach süß. Sie reichen mir gerade bis zur Gürtelschnalle.«

Jane mußte lachen. Bob hatte sich offenbar schon in die Tiere verliebt. Aber sie dachte an die praktischen Aspekte: Im Oktober waren die Nächte schon kalt, und die Babys hatten keine Mütter, die sie hätten wärmen können. »Wie soll das gehen?« fragte sie Bob.

»Ich werde Wärmelampen in den Boxen anbringen.«

»Und der Besitzer?«

»Für den sind sie eine x-beliebige Ware.«

»Das ist ja schrecklich.«

Jane fand in Bobs Augen ein Leuchten wieder, das in den letzten Monaten erloschen war. Die Elefantenkälber hatten seine Neugier geweckt, und die Aussicht darauf, wieder gebraucht zu werden, beflügelte ihn.

»Unsere Enkelkinder werden begeistert sein«, sagte sie.

»Aber sag ihnen noch nichts. Ich weiß nicht, wie lange die Elefanten bleiben werden.«

Es war vereinbart, daß Barry Jackson fünfhundert Dollar im Monat an Bob zahlen sollte, während er Käufer für die Elefanten suchte. Wie lange das dauern würde, war ungewiß. Afrikanische Elefanten gelten im Gegensatz zu den seltenen und bedrohten asiatischen Elefanten sowohl im Zoo wie auch im Zirkus als äußerst schwierig, und so würden die Babys möglicherweise noch einige Zeit Pensionsgäste der Ranch bleiben. Bob war es nur recht, denn er war nicht nur neugierig, sondern er spürte auch, wie ihn die alte Magie wieder erfaßte.

Auf dem Zaun ihres Auslaufs sitzend, beobachtete er die sechs und merkte bald, wie intelligent und wie unterschiedlich sie waren. Jedes hatte seine ganz eigene Persönlichkeit, seinen eigenen Charakter. Eines von ihnen war ein Clown. Es hakte die Hinterbeine in die unterste Querleiste der Umzäunung und schwang verspielt den Rüssel. Ein anderes war ruhig und ernst, ein drittes nervös und scheu.

Immer mehr zog ein bestimmtes Tier Bobs Aufmerksamkeit auf sich. »Sie ist die Kleinste von allen«, sagte er zu Jane. »Sie ist irgendwie ... irgendwie schön. Sie hat lange Wimpern und richtig hübsche bernsteinfarbene Augen. Eine richtige kleine Dame. Und Charme hat sie auch. Von den anderen wird sie nur herumgestoßen.«

Am nächsten Tag beobachtete er nur sie. Er schaute zu, wie Jackson ihren Rüssel in den Milcheimer tauchte, und hielt ihr eine Handvoll Haferflocken hin. Jackson machte sich Sorgen um sie, weil sie nicht genug zunahm. Irgend etwas stimmte nicht mit ihr.

Offene Flächen machten ihr angst, und sie verließ ihre Box nur, wenn man sie mit den anderen Elefanten in den Auslauf trieb. Jackson meinte, die Box erinnere sie an die Transportkiste, in der sie aus Afrika herübergekommen war.

Bob entsann sich der Verführungskraft der Karotten. Seine Pferde kamen von den fernsten Weiden angaloppiert, wenn er eine Karotte hochhielt. Er zog sein Messer hervor, schnitt eine Karotte klein und gab dem Baby ein Stück. Mit ausgestrecktem Rüssel verlangte es nach mehr.

»Jetzt hab ich dich«, sagte Bob mehr zu sich selbst. Er trat in die Box. Das Baby griff mit dem Rüssel nach den Karottenstücken, und nach und nach, Schritt für Schritt lockte er es auf diese Weise in die Sonne hinaus. Die Tür ließ er offen, damit es jederzeit zurück konnte. Draußen beobachtete er es. Es war neugierig! Es sah zum Himmel auf und hob witternd den Rüssel. Als jedoch ein Ranchhelfer vorbeiritt, legte es die Ohren an, senkte den Kopf und rannte in die Box zurück.

Es konnte nun allein in den Auslauf, und in den folgenden Tagen unterbrach Bob das Training der Cutting-Pferde, um es weiter zu beobachten. Einige seiner Helfer gesellten sich zu ihm, und es wurden die üblichen Witze gemacht.

»Schluß damit«, sagte Bob. »Sie mag ja eine Kuriosität sein, aber ein Witz ist sie nicht. Sie ist ein schönes Tier, seht sie euch doch an!«

Er betrachtete das Baby mit den Augen des Pferdetrainers, um herauszufinden, was genau es von den anderen unterschied und was seinen Reiz ausmachte. Vor kurzem waren einige Fohlen bei seinem Anblick augenrollend und unter erschrockenem Gewieher wie Känguruhs über einen hohen Maschendrahtzaun gesprungen und geflohen. Die anderen Babys hatten sich schutzsuchend zusammengedrängt, nur das Kleinste war in einiger Entfernung allein stehengeblieben. Bob grübelte darüber nach, wie er es schützen konnte. Die anderen benahmen sich ihm gegenüber, wie man es ihnen in freier Wildbahn nie hätte durchgehen lassen. Sie verbündeten sich gegen das Kleine, schnappten ihm das Futter weg und schlugen es mit dem Rüssel, stießen und schubsten es herum und drängten es gegen den Zaun.

Bob sorgte dafür, daß es nicht zu kurz kam. Er ritt in den Auslauf und hielt die anderen von ihm fern, damit es in Ruhe essen und trinken konnte. Spätnachmittags und abends, wenn die Sonne unterging und die Luft kühl wurde, leistete er ihm in seiner Box Gesellschaft. Er gab ihm Karotten und redete mit ihm. Es rückte näher an ihn heran und hob den Rüssel, um seine Witterung aufzunehmen.

Als Jackson das nächstemal kam, fragte Bob ihn, ob es nicht einen Namen habe.

»Amy«, antwortete Jackson mechanisch.

»Amy?« Bob sagte den Namen ein paarmal vor sich hin. »Das paßt zu ihr, finden Sie nicht auch?«

»Na, wenn Sie's sagen, Mr. Norris ...«

»Wissen Sie, wie sie zu dem Namen gekommen ist?«

»Keine Ahnung. Er stand auf ihrer Kiste.«

Als Rancher und Pferdezüchter war Bob der Meinung, man könne einem Mann nichts besseres nachsagen, als daß er behutsam mit seinen Pferden umgehe. Das beziehe sich auch auf Hunde, Bären und Rinder, auf »jedes verdammte Tier, außer Klapperschlangen und Strauße«, wie er zu sagen pflegte. Jetzt verlängerte er die Liste um einen Elefanten.

Eines Tages, als die Sonne wärmer als gewöhnlich vom Himmel schien, beobachtete er, wie Jackson im Auslauf hinter Amy herlief. Amy hatte schreckliche Angst und versuchte sich in einem Winkel zu verstecken.

Bob war nicht Amys Besitzer. Sie war ein seltsames Wesen, und ihr Verhalten war ihm noch nicht vertraut, aber ein verschrecktes, traumatisiertes Tier erkannte er allemal. Er kletterte auf den Zaun, bereit, in den Auslauf zu springen und einzugreifen. Jackson schwang jetzt eine Holzlatte und ließ sie auf Amy niedersausen. Da sprang Bob hinunter, rannte quer durch den Auslauf und riß ihm die Latte aus der Hand. Er bebte vor Zorn, und seine Stimme zitterte, als er sagte: »Noch ein einziges Mal, und Sie kriegen's mit mir zu tun.« Er warf die Latte über den Zaun und ging angewidert davon. Jackson stand da und ließ den Blick zwischen Amy und Bob hin und her wandern. Er wußte nicht, wie ihm geschah, spürte aber, daß hier mehr im Spiel war als nur Emotionen. Er verließ den Auslauf, stieg in seinen Pickup und fuhr davon. Von da an hütete er sich, Amy zu schlagen.

Amy aß noch immer nicht so viel, wie sie Bobs Meinung nach sollte. Sie hatte ständig Angst, und ihre Mattigkeit deutete auf eine schwere Depression hin. Durch die Karotten ermuntert, hatte sie gezeigt, was in ihr steckte, doch dann war sie wieder in Trübsal verfallen. Es ging ihr immer schlechter, und Bob begann um ihr Leben zu fürchten

Er versuchte ihre neue Welt mit ihren Augen zu sehen. Er wußte nichts über ihr Zuhause, aber er stellte sich einen Dschungel mit langen Lianen und seltsamen Tieren vor, mit Männern in Reithosen und Tropenhelm und Eingeborenen mit Knochen in den Haaren. Daß sein Bild von Afrika längst überholt war, sofern es überhaupt je zugetroffen hatte, war ihm natürlich klar. Amy vermißte ihre Heimat. Sie vermißte ihre Familie, ihre Mutter und ihre Cousinen. Bob konnte sie ihr nicht ersetzen, aber er konnte an ihre Stelle treten. Er konnte – eine Zeitlang zumindest – Amys Mutter sein.

Jackson berichtete Bob, was er über den Abschuß in Afrika wußte. Bob hätte die blutigen Einzelheiten lieber nicht gehört. Jackson erzählte von de Vries und davon, wie er Amy gerettet hatte, und er beschrieb ihren Transport über Europa nach Amerika, zusammen mit den fünf anderen Elefantenkälbern, die er im südlichen Afrika gekauft hatte.

»Kein Lebewesen in Amys Alter sollte mit so furchtbaren Erinnerungen leben müssen, ohne glücklichere Erfahrungen, die die Vergangenheit verdrängen können«, sagte Bob später zu Jane.

Amy hatte ihre Welt verloren. Ihre Elefantenseele

mußte schmerzen. Sie war herumgestoßen worden, sie war in Lastwagen transportiert worden, die nach Dieselabgasen rochen, sie war in einen Pferch und später in eine enge Holzkiste gesperrt worden. Wieviel mehr konnte ein Lebewesen ertragen? Die Teilnahmslosigkeit, die sie jetzt an den Tag legte, war in Bobs Augen Trauer. Sie schlug mit dem Rüssel gegen die Wände ihrer Box, und nachts schreckte sie aus Alpträumen hoch. Sie wollte fliehen – vor der Erinnerung, wie es schien.

Sie gab keinen Laut von sich, und obwohl Bob wenig über Elefanten wußte, erschien ihm das doch seltsam. In der Bibliothek lieh er sich ein Buch über Elefanten aus, in dem er las, daß sich die Tiere durch eine ganze Skala von Lauten verständigen: Schreien und Quietschen, Grollen, Brüllen, Trompeten und andere, für das menschliche Ohr nicht wahrnehmbare Laute. »Gesunde Kälber schreien«, hieß es da. »Tut ein Tier das nicht, ist es krank oder neurotisch und wird sterben oder extrem schwierig werden ...«

»Sie ist doch noch ein Baby«, sagte er zu Jane. »Sie kränkelt, und ich weiß nicht, was man dagegen tun kann. Aber irgend etwas muß geschehen, sonst stirbt sie.«

Jane wollte helfen, aber auch sie wußte nicht, wie.

»Im Idealfall wäre sie ihr Leben lang bei ihrer Mutter im Dschungel geblieben«, fuhr Bob fort. Jane hatte ihn selten so ernst gesehen. »Was sie zur Waise gemacht hat, kann ich nicht ungeschehen machen, aber ich kann das Nächstliegende tun ...«

Das Nächstliegende war er selbst.

Er besaß mehr als genug Land, auf dem ein Elefantenkalb umherstreifen konnte. Er konnte Amy die Möglichkeit bieten, in Ruhe zu wachsen und gesund zu werden, und wenn es ihr besser ging, wenn sie ihr Trauma überwunden hatte, konnte er immer noch entscheiden, was mit ihr geschehen sollte. Er redete mit Jane darüber. »Vielleicht sollte ich eine Situation, die sich zufällig so ergeben hat, ausnutzen. Warum ist Jackson gerade zu mir gekommen und nicht zu jemand anderem? Ich möchte, daß Amy zu unserer Familie gehört. Ich will sie einfach haben. Es wird eine Herausforderung sein, ich weiß, aber ich mag Herausforderungen, und vielleicht brauche ich gerade jetzt eine.«

Das überzeugte Jane, und bald stand sie in der Küche, die Arme bis zu den Ellenbogen in einem Gebräu aus Milch und Maismehl. Sie und Bob tunkten Amys Rüssel in den Eimer, und als er mit warmer Milch gefüllt war, führten sie ihn in ihren Mund. Doch Amy wußte, was sie zu tun hatte. Nicht die Technik fehlte ihr, sondern der Appetit.

Ein junges Tier drohte an seiner Trauer zugrunde zu gehen. Bob mußte an ein Lama-Pärchen denken, das vor kurzem aus dem Bostoner Zoo entwichen war. Die Polizei erschoß das Männchen, und das Weibchen, das unversehrt geblieben war, legte den Kopf auf den Hals seines toten Gefährten, stieß einen tiefen Seufzer aus und starb ebenfalls.

Bob rief eine Tierärztin an, die seine Pferde und Rinder behandelte und zu der er Vertrauen hatte. »Diesmal müssen Sie einen Elefanten kurieren«, sagte er zu Laura H. Harris, einer jungen, energischen Frau mit blondem Haar und himmelblauen Augen.

»Einen Elefanten kuriert man nicht anders als ein Pferd«, dachte sie, »man muß nur seine Reaktionen richtig deuten. Bei einem Pferd kann ich das, bei einem Bären und einem Leoparden auch, die habe ich alle schon behandelt. Aber bei einem Elefanten?«

Doch sie fuhr sofort auf die Ranch hinaus und untersuchte Amy von Rüssel bis Fuß.

»Soweit ich sehe, ist alles in Ordnung mit ihr«, sagte sie schließlich zu Bob.

Amy war körperlich gesund, wenn auch untergewichtig und schwach. Sie aß zwar ab und zu ein wenig, doch ihre Lethargie und ihre Depression blieben. Dr. Harris brauchte keinen Expertenrat im örtlichen Zoo oder im weiter entfernten Zoo von St. Louis einzuholen. Sie wußte auch so, was Amy fehlte. Das Baby brauchte jemanden, der sich in dieser neuen, ungewohnten Welt seiner annahm.

»Jetzt sind Sie gefragt, Bob«, sagte sie. »Wenn überhaupt jemand ein Tier wie Amy retten kann, dann Sie.«

Die Natur ist grausam, dachte Bob. Aber es waren Menschen, die Amy das angetan haben, und Menschen können auch dafür sorgen, daß es ihr wieder besser geht. Ich kann ihr zu fressen und zu trinken geben und sie sauber halten. Ich kann sie streicheln und hätscheln. Ich kann meine Hände auf sie legen und ihr Liebe und Zuwendung geben. Der Rest liegt bei ihr.

»Man weiß zwar nie, wohin so etwas führt«, sagte Bob abends zu seiner Frau. »Aber wenn man nicht die Tür aufmacht und durchgeht, um zu sehen, was dahinter liegt, ist das Leben bedeutungslos.«

Jane lächelte. »Dann mach die Tür auf.«

Die fünf anderen Elefanten verkaufte Barry Jackson schließlich an Zoos in Mexiko und einen Zirkus in der Dominikanischen Republik, nur Amy wollte niemand haben. Sie stand mutterseelenallein im Auslauf, und ihr einziger Freund war Bob.

Jackson sah, wie sehr Bob an Amy hing, wie er ihr zuredete, ihr vorsang, sie fütterte und sie durch den Zaun streichelte. Als guter Kaufmann sagte er Bob nicht, daß niemand Amy wollte. Sie werde ganz sicher ein Zuhause finden, behauptete er, einige Interessenten hätten sich schon gemeldet, es sei nur noch eine Frage der Zeit.

Eines Samstags, als Bob vor Amys Box im Stall stand, trat Jackson zu ihm und sagte: »Ich habe einen Käufer für Amy gefunden. Eine Frau aus Arizona – am Donnerstag kommt sie, um Amy abzuholen.«

Bob nickte wortlos.

»Sie möchte sie für ihren Privatzoo.«

»Im Ernst?«

»Sie hat ein kleines Grundstück in Phoenix, wo sie exotische Tiere hält – Tiger, Löwen und Schlangen.«

Bob wandte sich Jackson zu. »Und wenn *ich* Amy kaufe?«

»Sie?«

»Ja, ich. Sie könnte bei uns heimisch werden. Es gefällt ihr hier, und sie könnte in ihrer gewohnten Umgebung bleiben.«

»Und was soll ich der Frau in Phoenix sagen?«

»Sagen sie ihr, sie braucht gar nicht erst zu kommen.«

Jackson tat so, als müßte er darüber nachdenken. »Okay«, sagte er schließlich, »Aber ich hoffe, Sie wissen, worauf Sie sich da einlassen.«

KAPITEL VIER

Amy und Michelle

Zwei Hunde namens Butch und Jo waren die ersten, die mit Amy Freundschaft schlossen. Butch, ein kurzhaariger australischer Schäferhund mit rötlichem Fell, war ein Streuner, immer auf Freiersfüßen. Er war ein Dickkopf, der eines Tages auf der Ranch aufgetaucht und einfach geblieben war. Bob hatte ihm beigebracht, mit dem Vieh zu arbeiten, und er gehorchte ihm. Jo dagegen, eine mürrische, ängstliche Dobermann-Hündin, hielt sich von Herden und Helfern fern. Sie war bissig und hatte sogar einmal Bobs gutmütigem Nachbarn Larsen die Zähne ins Fleisch gegraben.

Die beiden Hunde jagten in Amys Blickfeld einem grünen Gummiball nach. Er war so groß, daß sie ihn nicht mit dem Maul packen konnten, und sie rollten ihn mit der Schnauze über den Boden, purzelten darüber und stießen ihn hierhin und dorthin. Amy kam scheu, aber neugierig aus ihrer Box, verzog sich in eine Ecke des Auslaufs und schaute ihnen zu.

Mit der Zeit verlor sie die Angst vor ihnen, und auch

die Hunde selbst beachteten sie kaum noch und bellten sie nicht mehr an.

Eines Tages wurde Jo von einer Krustenechse in den Unterkiefer gebissen und übel zugerichtet. Sie hatte Schmerzen und zog sich in den Stall zurück, um zu schlafen, so daß Butch keinen Spielgefährten mehr hatte.

Ein Ball ist für die meisten Tiere ein verlockendes Spielzeug. Butchs Ball bewegte sich lautlos, er war glatt und weich und wartete nur darauf, daß ein Fuß oder ein Rüssel ihn in Bewegung setzte. Amy berührte ihn mit dem Fuß und schaute zu, wie er über den Boden rollte. Sie folgte ihm und stieß ihn mit dem Rüssel an. Dann trat sie mit dem Fuß danach, und er rollte zu Butch, der darüber stolperte und ihn zu Amy zurückschubste. Sie kickte ihn quer durch den Auslauf und rannte hinterher.

Bald vergaß Butch den Ball und versuchte statt dessen, nach Amys Rüssel zu schnappen. Sie lief im Kreis herum, als wollte sie ihn necken, den Rüssel immer knapp außerhalb seiner Reichweite. Dann jagte er wieder dem Ball nach und apportierte ihn zwanzig, dreißig Mal mit unverminderter Begeisterung.

Amy freute sich auf seine Besuche, doch Butch war ein unzuverlässiger Spielgefährte. Wenn er sich auf Brautschau begab, blieb er tagelang verschwunden. Dann stand Amy über dem Ball und wartete auf ihn.

Bob hielt das für ein gutes Zeichen.

Bobs Stimme wirkte beruhigend auf Amy, so beruhigend wie auf die Rinder, denen er Lieder vorsang, wenn auf dem Viehtrieb Blitze über den Nachthimmel zuckten. Es waren Lieder, die vor langer Zeit im Rhythmus wandernder Rinder entstanden waren. Jetzt sang er sie Amy vor, oder er erzählte ihr von den Jahreszeiten in Colorado. Er sagte ihr, was ihm durch den Kopf ging, er sprach über Politik oder über den Film, den er am Abend zuvor im Fernsehen gesehen hatte. Amys Augen schienen beim Klang seiner Stimme aufzuleuchten. Sie kam an die Tür ihrer Box und schwenkte den Rüssel, als wollte sie ihn berühren.

Eines Tages räumte Bob eine Box ganz am Ende des Pferdestalls auf, die als Sattelkammer benutzt wurde. Er hängte gerade die nach Seife und Leweröl duftenden Sättel und Halfter, Seile und Stulpen fein säuberlich an ihre Haken, als er einen Laut hörte, von dem er hätte schwören können, daß es ein Elefantentrompeten war. Am Morgen hatte er Amy gefüttert und mit ihr geredet. Jetzt spielte sie draußen mit Butch Ball.

Er legte den Kopf schräg und schob seinen Hut zurück. Dann ging er in die Sonne hinaus und lehnte sich an den Zaun.

Amy jagte Butch durch den Auslauf. Wieder ließ sie einen Ruf erschallen, der sie selbst am meisten zu erschrecken schien. Sie blieb stehen und blickte um sich, als wollte sie sagen: »Nanu, was war denn das?«

Bob war stolz auf sie, und ihr Trompeten brachte ihn zum Lachen. Sie würde mit Sicherheit am Leben bleiben und vielleicht hatte sie sogar ein neues Zuhause gefunden ...

Auch sonst veränderte sich manches. Amy bekam Appetit, und an die Stelle der Milcheimer traten jetzt Heuballen und Haferflocken. Die Falten in ihrer Haut glätteten sich.

T. J., ein großer, schlanker Mann mit einer leisen Stimme, war Spezialist im Zureiten von Pferden und hatte schon so manches gesehen. Bob arbeitete besonders gern mit ihm zusammen. Als er jedoch die Tür zu Amys Box öffnen wollte, hob Bob warnend die Hand.

»Sei vorsichtig«, sagte er, »sie ist gefährlich. Glaub nicht, sie kann dir nicht weh tun, nur weil sie so niedlich ist. Ein Elefantenkalb kann einen Menschen mit einem Rüsselschlag töten, das behauptet jedenfalls Mr. Jackson.«

»Und wie zähmt man einen gefährlichen Elefanten?« fragte T. J. ein wenig spöttisch.

»Keine Ahnung. Was meinst du?«

»Zureiten wie ein Pferd kann man ihn jedenfalls nicht. Schwer zu sagen. Mit Karotten allein wird es wohl nicht getan sein ...«

Bob mußte lachen und schlug T. J. auf die Schulter. Gleich darauf aber wurde er wieder ernst: »Ich möchte jedenfalls nicht, daß sie versehentlich jemanden verletzt. Aber ich glaube, ich habe da eine Idee.«

Jane wünschte sich einen besseren Freund für Amy. »Butch ist entweder ganz da oder ganz weg«, sagte sie zu Bob. »Amy langweilt sich, wenn sie nicht mit ihm spielen kann. Vielleicht sollten wir ein anderes Tier für sie besorgen.«

Bob wußte, was sie meinte. Amy brauchte jemanden, der Tag und Nacht bei ihr war, und Bob hatte auch Anzeichen dafür bemerkt. Amy häufte immer ein wenig Getreide in ihrer Box auf, und Bob fragte sich schon eine Weile nach dem Grund, bis er eines Tages bei einem Blick über die Tür der Box eine kleine graue Maus an der Fußleiste entlanghuschen sah. Sie richtete sich auf, schnupperte in die Luft und putzte sich mit den Vorderpfoten die rosa Nase. Dann knabberte sie wie selbstverständlich von dem Getreide. Hatte Amy es eigens für sie übriggelassen? Bob war davon überzeugt. Sie hatte sich die Maus zum Gefährten gewählt. Bildete er es sich nur ein, oder hatte sie um die gleiche Zeit, als er das Getreidehäufchen entdeckte, aufgehört, nachts zu schreien?

Und trotzdem: Sie hatte einen besseren Freund verdient als Butch und einen größeren als eine Stallmaus.

Michelle war eine umgängliche hellbraune Ziege mit einem rechteckigen weißen Fleck an der Flanke, weißen Punkten auf Brust und Stirn und Schlappohren, die wie zwei zusätzliche Wangen aussahen. Bob kaufte sie einem Nachbarn ab, und als sie auf der Ranch ankam, wackelte sie sofort auf Amy zu und stupste sie freudig mit der Nase an. Amy schlang den Rüssel um sie, und gleich darauf spazierten die beiden zusammen im Auslauf herum wie zwei Freundinnen beim Einkaufsbummel. Michelle wurde so etwas wie Amys Teddybär. Amy schmuste mit ihr, und Michelle schien sich nicht daran zu stören.

»Ziegen denken nicht viel«, sagte Bob zu Jane. »Mit einem Känguruh wäre Michelle wahrscheinlich genauso glücklich. Aber es ist schön zu sehen, wie Amy auf sie reagiert. Als ob sie ein lange verschollener Freund oder ein zu klein geratener Verwandter aus Afrika wäre.«

Von Anfang an hielten Amy und Michelle zusammen. Sie spielten miteinander, sie paßten aufeinander auf, und im Auslauf folgten sie einander auf Schritt und Tritt. Michelle hätte auf der ganzen Ranch umherwandern können, aber sie blieb stets an Amys Seite. Es kam nicht darauf an, was sie zusammen machten, sondern daß sie zusammen waren.

Manchmal trieb Michelle die Freundschaft zu weit, und dann wies Amy sie in ihre Schranken. Michelles Appetit kannte keine Grenzen; sie schreckte auch vor Konservendosen, Gummimatten und Abfällen aus dem Mülleimer nicht zurück. Bob stellte täglich einen großen Gummieimer mit Heu und Haferflocken in Amys Box, aus dem Amy sich bediente, wann immer sie hungrig war. Für Michelle war das eine große Versuchung. Sie betrachtete Eßbares grundsätzlich als für sie bestimmt, und sie wußte nicht, daß Amy nicht gern teilte.

Eines Tages ließ Michelle Amy am anderen Ende des Auslaufs zurück, marschierte in den Stall und begann, aus dem Eimer zu fressen. Hin und wieder warf sie Amy einen Blick zu. Schließlich setzte Amy sich in Bewegung, durchquerte den Auslauf und betrat die Box. Sie schubste Michelle von dem Eimer fort und führte sie wieder ins Freie.

»Michelle wußte, daß sie unerwünscht war, und hat sich schleunigst verzogen«, sagte Bob, der die Szene fasziniert verfolgt hatte.

Amy kehrte in ihre Box zurück, schloß mit dem Rüssel den unteren Teil der Tür und verzehrte in Ruhe ihr Abendessen.

Zusammen mit Michelle hatte Bob dem Nachbarn auch einen Ziegenbock namens Larry abgekauft, ein stures Tier mit gedrehten Hörnern und gelben Schlitzaugen. Kaum auf der Ranch angekommen, rannte Larry auf Amy zu und rammte ihr die Hörner in Schultern und Flanken. Amy flüchtete in die Ecken des Auslaufs, doch Larry war schnell und hartnäckig, und nichts konnte ihn in seinem Drang, die Hörner zu gebrauchen, bremsen. Er stellte sich auf die Hinterbeine und stieß mit der vollen Wucht seines Körpers nach Amy.

Eine Woche nach Larrys Ankunft sah Bob, wie er Amy wieder einmal attackierte. Doch diesmal wehrte sie sich, und ihre Reaktion verschlug Bob den Atem. Mit einer so blitzartigen Bewegung, wie er sie noch nie bei einem Tier gesehen hatte, schlug sie mit dem Rüssel nach Larry, der sichtlich verblüfft von ihr abließ und fürs erste Ruhe gab. Bravo Amy, dachte Bob, jetzt weißt du, wie man's machen muß!

Als er allerdings einige Tage später an Amys Box vorbeiging, hörte er Larry ächzen. Er schaute hinein und sah, daß Amy ihn gegen die Wand gedrückt hatte und mit dem Kopf nach ihm stieß.

»Larry hat bestimmt gedacht, sein letztes Stündlein

hätte geschlagen. Aber schlechte Angewohnheiten sollte sich Amy nun auch wieder nicht zulegen. Nach einem sanften ›Nein, nein‹ hat sie aufgehört. Larry ist rausgerannt und hat sich nie wieder auch nur in ihrer Nähe blicken lassen.«

Anfangs noch zögernd, erforschte Amy ihre neue Welt. Mit den Fingern ihres Rüssels drehte sie Schrauben heraus, löste Muttern und hätte ihre ganze Box zerlegt, hätte Bob nicht alles noch einmal eigens gesichert. Sie wanderte umher und beschnupperte und berührte alles, sie schob die Riegel an den Stalltüren vor und zurück, drehte Knäufe und betätigte Hebel. Sie öffnete Wasserhähne, kostete in der Sattelkammer von den Reinigungsmitteln und spielte mit Sätteln und Zügeln. Draußen verbog sie an Autos und Traktoren die Scheibenwischer und machte sich an den Türgriffen zu schaffen.

Ihr Lieblingsspielzeug wurde der Gartenschlauch. Sie drehte das Wasser auf und spritzte sich über und über naß, und auch Michelle und alle, die sonst in der Nähe waren, bekamen eine Dusche. Stellte Bob das Wasser ab, blieb sie mit dem Schlauchende im Rüssel stehen und wartete, bis er wegging, um es dann wieder aufzudrehen.

Mit jedem Tag wurde Amy kräftiger und selbstbewußter. Bob ließ das Gatter des Auslaufs jetzt offen, damit sie frei umherstreifen konnte. Es wurde Zeit, daß ihre Welt sich weiter ausdehnte. Wohin sie ging, kümmerte ihn nicht; ringsum war ohnehin nur offenes

Gelände. Er konnte sie nicht überwachen, war sich aber sicher, daß sie immer wieder zu ihrem Futtereimer zurückkehren würde.

Die Ranch mußte ein Paradies für Amy sein. Es gab Wasser in Hülle und Fülle, ihr Futtereimer war stets gefüllt, und Bob verlangte nichts von ihr, außer daß sie sich in ihrer neuen Welt eingewöhnte. Er ließ sie in ihrem eigenen Rhythmus aufwachsen.

Eines Morgens spazierten Amy und Michelle vom Auslauf zum Cutting-Pferch hinüber. Plötzlich fuhr Amys Rüssel hoch, und sie trompetete. Bob sah sie erschrocken an: Hatte er ihr doch zuviel Freiheit gelassen? Konnte ein Elefantenkalb seinen Pferden gefährlich werden?

Amy stürmte auf die Fohlen im Pferch zu. »Die sind vollkommen durchgedreht. Eins ist sogar über den Zaun gesprungen, bloß um schnell wegzukommen. Ich hatte keine Ahnung, was Amy tun würde. Und auch nicht, was die Pferde tun würden, gottverdammt! Amy hat gewußt, daß sie ihnen angst macht, da bin ich mir ganz sicher. Das hatte sie schnell raus. Mit voller Absicht ist sie hinter ihnen hergerannt und hat trompetet und geknurrt, um ihnen einen Schreck einzujagen.«

Bob brachte einige von ihnen in die Koppel neben Amys Auslauf. Wenn sie am Zaun entlanggaloppierten, tat Amy es ihnen gleich und rannte laut trompetend umher. »Sie war so aufgeregt, daß sie Achter gelaufen ist«, erzählte Bob seiner Frau.

Nach einiger Zeit band er die Fohlen an Amys Zaun fest. Amy ging zu ihnen und streckte den Rüssel durch den Zaun, berührte ihre Nüstern und Augen und zog an ihren Stricken. Sie drängten sich ängstlich zusammen, doch als Amy einige Tage später in ihre Koppel spazierte und um sie herumstrich, störten sie sich nicht mehr daran und behandelten sie, als wäre sie selbst ein Fohlen.

»Wahrscheinlich denkt sie, sie ist ein Pferd mit Rüssel«, sagte Bob. »Oder die Fohlen denken, sie sind Elefanten ohne Rüssel. Vielleicht haben wir hier bald ein friedliches Reich, in dem die Löwen bei den Lämmern liegen.«

»Der einzige, an den sie sich noch nicht gewöhnt hat, scheinst du zu sein, Bob«, gab Jane zurück.

Er fragte sich, wie er Amy näherkommen konnte. Er hatte Angst, sie zu erschrecken. Ein falscher Schritt, eine verfrühte Geste, und sie würde ihr neugewonnenes Selbstvertrauen wieder verlieren. Aber wie schon so oft in seinem Leben waren die Pferde die Lösung des Problems: »Vielleicht komme ich zu Pferd an sie heran«, sagte sich Bob. Aber würde sich ein intelligenter junger Elefant wie Amy so leicht täuschen lassen? Er wollte es zumindest versuchen.

Auf Big Bob ritt er dicht an Amy heran, beugte sich im Sattel vor, faßte nach ihrem Rüssel und redete ihr beruhigend zu. Dann führte er so langsam, daß die Bewegung kaum wahrzunehmen war, sein Bein über den Rücken des Hengstes und stellte schließlich den Fuß auf den Boden. Amy behielt er dabei genau im Auge, bereit, sofort wieder aufzusitzen. Nach einer Weile stellte er auch den zweiten Fuß auf die Erde. Er stand jetzt ein kleines Stück von Big Bob entfernt. Mit dem Rücken zu Amy setzte er sich in Bewegung. Jetzt oder nie, dachte er. Er blieb stehen, darauf gefaßt, daß sie entweder davonlaufen oder sich auf ihn stürzen würde. Er machte eine Vierteldrehung und sah sich nach ihr um.

Amy stand so dicht hinter ihm, daß sie fast zusammengestoßen wären.

Bob mußte laut lachen. Sie akzeptierte ihn auch auf seinen eigenen zwei Beinen! Jetzt konnten sie Freunde werden.

Der Gartenschlauch brachte Bob auf eine Idee. Dort, wo Pfützen entstanden waren, hatte sich Amy im Matsch gewälzt, wie sie es auch nach einem Regen gern tat. Bob wollte ihr eine Freude machen und eine richtige afrikanische Suhle bauen.

Hinter dem Pferdestall ließ er eine Mulde von etwa fünfzehn Metern Umfang und einem Meter Tiefe mit Wasser vollaufen. Als er fertig war, holte er Amy und blieb mit ihr am Rand des Tümpels stehen. Anfangs planschte sie nur mit dem Rüssel im Wasser, dann stürzte sie sich plötzlich trompetend in die Fluten. Übermütig spritzte sie Butch naß, der das Wasserloch bellend umkreiste, und auch Michelle und Bob bekamen eine Ladung ab. Dann legte sie sich hin, um sich im Schlamm zu wälzen.

T. J. und die anderen Helfer kamen herbei und schauten lachend zu. Nach einer Weile zogen sie sich die Stiefel aus, krempelten ihre Hosenbeine hoch und wateten bis zu den Waden ins Wasser. Sie fingen an zu planschen, ließen sich rückwärts fallen, strampelten im Matsch herum und lieferten sich mit Amy eine Wasserschlacht. Dann stand auch Bob bis zu den Knien im Wasser. »Zum Teufel, Jungs, ihr seid ja wie die Kinder!« lachte er.

Die Verkäuferinnen bei Toys»R«Us wußten nicht, was sie von Bob halten sollten. Plötzlich war er zu ihrem besten Kunden geworden. Ein Großvater, der in seine Enkelkinder vernarrt ist, dachten sie vielleicht, wenn er mit seinem Pickup voller Plastikspielzeug davonfuhr. Geld schien bei ihm keine Rolle zu spielen. Er bevorzugte große Spielsachen – überdimensionale Harmonikas und aufblasbare Planschbecken, Plastik-Baseballschläger und riesige Gummibälle. Man riet ihm zu anderen Dingen – Lernspielzeug, Brettspiele, Figuren aus beliebten Kinderfilmen –, aber er legte nur auf eines Wert: Groß mußten die Sachen sein.

Schließlich fragte ihn eine der Verkäuferinnen nach dem Grund.

»Die sind für meinen Elefanten«, antwortete er wie selbstverständlich, während er die Stabilität eines Planschbeckens für Amys Auslauf prüfte.

»Aha.«

Niemand glaubte ihm. Man ließ ihn gewähren, empfahl ihm Spielzeug, das man für elefantengemäß hielt, und verdrehte dabei die Augen.

Amys Auslauf füllte sich mit Spielsachen wie das Zimmer eines verwöhnten Kindes. An Weihnachten ging das Ehepaar Norris, nachdem es unter dem Christbaum die eigenen Geschenke ausgepackt hatte, mit Kartons beladen in Amys Box und legte die Geschenke für sie, jedes einzeln verpackt und mit einem bunten Band verschnürt, ins Stroh. Amy zupfte interessiert an den Bändern, und Bob summte Weihnachtslieder, um die passende Stimmung zu erzeugen.

Ein Rancher, der für einen Elefanten Weihnachtslieder singt – kein alltäglicher Anblick. Aber der Zweck heiligt die Mittel, dachte sich Bob. Und er behielt recht, denn Amy wuchs und gedieh. Jeder auf der Ranch war erstaunt darüber, wie schnell sie größer wurde.

Für Bob aber war Amy nach wie vor sein kleines Mädchen. Jane machte sich Sorgen, weil sie ihm nicht gehorchte. Amy blieb im Umkreis des Pferdestalls, auch wenn Bob sie ermunterte, mit ihm zu kommen. In ihre Box ging sie, wenn sie hungrig war, und nicht, wenn Bob es wollte. Befehle, die er ihr erteilte, verstand sie nicht. Die Ranchhelfer nannten sie scherzhaft den Bulldozer. Aber auch sie machten sich Sorgen wegen ihrer Wildheit, ihrer Größe und darüber, daß Bob sie nicht im Griff hatte.

Bob verbrachte seine gesamte freie Zeit mit Amy, und eines Abends sprach Jane ihn darauf an.

»Weißt du, wie man die Frauen von Golfspielern nennt?« fragte sie ihn. »Golfwitwen. Und ich werde zur Elefantenwitwe, Bob. Es wird Zeit, daß du dir überlegst, was du mit Amy machen willst.«

»Ich versteh nicht, was du meinst.«

»Amy muß in unser *aller* Leben einbezogen werden. Sie muß lernen, mit uns zu leben, und dazu muß sie als erstes lernen zu gehorchen. Du verbringst so viel Zeit mit ihr, weil du dich für sie verantwortlich fühlst. Aber du hast sie nicht unter Kontrolle. Du mußt sie ständig im Auge behalten.«

»Das stimmt«, sagte Bob. Ihm war klar, worauf Jane hinauswollte.

»Sie macht, was sie will. Aber sie muß lernen, das zu tun, was *wir* wollen. Sie darf kein wildes Tier bleiben, sonst verletzt sie eines Tages wirklich jemanden. Du mußt ihr sagen können, was du von ihr willst, und sie muß dich verstehen lernen.«

Amys Erziehung ließ sich nicht mehr auf die lange Bank schieben, das sah auch Bob ein. Aber Jane wurde noch deutlicher:

»Amy ist groß und gefährlich, und sie wird noch sehr viel größer werden.«

»Sie ist ein verletzliches Wesen, wie King Kong.«

»Und ohne richtiges Training wird sie ein King Kong werden, Bob.«

Bob kannte keinen Elefantentrainer, und es würde schwierig werden, in Colorado einen aufzutreiben. Aber er mußte etwas tun, und deshalb redete er mit Laura Harris, der Tierärztin, bei einem ihrer regelmäßigen Besuche auf der Ranch darüber.

»Ich will nicht, daß sie bösartig wird. Ich bin dafür verantwortlich, daß sie ein gutes Leben hat. Aber ich bin auch dafür verantwortlich, daß meiner Frau und den anderen auf der Ranch nichts geschieht.«

Laura Harris war mit Jane einer Meinung. »Wenn

sie nicht gehorchen lernt, wird sie früher oder später jemanden umbringen, und wenn sie jemanden umbringt, werden Sie sie erschießen müssen. So ist das, und das ist nicht fair ihr gegenüber.«

Doch auch Laura wußte nicht, wie der Gefahr zu begegnen sei. Schließlich war es der Zufall, der die Dinge ins Rollen brachte.

Bei einem Besuch zu Hause sah auch Bobs ältere Tochter Carol, was ihr Vater nicht sehen wollte. Ihre Mutter schilderte ihr die Situation und fragte sie, was sie an Bobs Stelle tun würde. Doch auf Anhieb wußte auch Carol keinen Rat. Eigentlich war sie auf der Suche nach einem Geschenk zu Bobs fünfundsechzigstem Geburtstag.

»Kauf ihm doch etwas, das ihm mit Amy hilft«, sagte Jane.

Als der Geburtstag näherrückte und Carol noch immer kein Geschenk hatte, sah sie eines Abends einen Dokumentarfilm mit dem Titel *Elefanten*. Ein Wissenschaftler sprach über Elefanten in Gefangenschaft. »Elefanten sind gefährlich. Sie werden geachtet und bewundert, aber Jahr für Jahr kommen zahlreiche Menschen durch sie ums Leben. Oft wirken sie wie Cartoonfiguren, sanft wie *Dumbo*, und wenn sie richtig dressiert werden, sind sie es auch. Undressiert aber können sie für ihre Umgebung zur Gefahr werden.« Dann war von einem Mann namens Richard L. Maguire die Rede, der den Elefantenwärtern im Point-Defiance-Zoo in Tacoma, Wisconsin, beibrachte, wie man Elefanten abrichtet.

Maguire »arbeitete« mit dem Elefantenbullen des Zoos

wie mit einem ausgebildeten Blindenhund. Er gehorchte ihm aufs Wort. Wenn er ihn rief, kam er, wenn er ihm befahl, sich hinzulegen, legte er sich hin. »Der Elefant ist ein Wildtier«, sagte Maguire in die Kamera. »Aber dank seiner Intelligenz und Geschicklichkeit kann man ihm vieles beibringen.«

»Jetzt hab ich ein Geschenk«, sagte Carol zu sich selbst.

Sie griff zum Hörer und rief den Fernsehsender an. Man nannte ihr eine Telefonnummer, und nach einiger Zeit hatte sie endlich Maguire an der Strippe.

»Ich würde mich freuen, wenn Sie meinem Vater helfen könnten, seinen Elefanten abzurichten«, sagte sie zu ihm.

»Soll das ein Witz sein?« erwiderte Maguire. »Kein Privatmann besitzt einen Elefanten.«

»Mein Vater schon. Er ist Rancher und lebt in der Nähe von Colorado Springs. Er hat vor einiger Zeit ein afrikanisches Elefantenkalb gekauft. Es heißt Amy.«

Maguire schien es die Sprache verschlagen zu haben. Schließlich sagte er:

»Normalerweise habe ich mit Zoos und Zirkussen zu tun.«

»Werden Sie für uns eine Ausnahme machen?«

»Ich weiß nicht.«

»Sie würden Amy und meinem Vater damit sehr helfen. Bitte überlegen Sie es sich.«

»Sagen wir erst mal nur, Sie haben mich neugierig gemacht.«

Freunde nannten Maguire seines gepflegten Äußeren und seiner militärischen Haltung wegen »Army«. Er war ein energischer junger Mann mit dem Gesicht eines Chorknaben, dunklen Haaren und einer tiefen Stimme, und er redete wie ein Maschinengewehr. Er hatte schon Vögel trainiert, Paviane, Schimpansen und Kapuzineraffen, Kamele und Lamas, Geparden, Löwen und Tiger. Er hatte für Zoos, Zirkusse, Safariparks und Filmproduzenten gearbeitet. Als er eines Nachmittags nichts zu tun hatte, brachte er seiner Katze Whiskers bei, auf Befehl zu miauen.

Seine Spezialität aber waren Elefanten.

Er hatte monatelang in Afrika und Asien wilde Elefanten studiert und trainiert – sechzig waren es seiner Zählung nach – und vielen anderen das Leben gerettet, indem er ihnen und ihren Trainern beibrachte, wie sie miteinander umzugehen hatten. Sein Vertrauen zu sich selbst und seine Fähigkeiten beruhten auf Erfahrung.

»Ich glaube, Gott hat mir Macht über Tiere gegeben«, sagte er zu Carol. »Dazu gehört aber auch Verantwortung. Man zieht so ein Tier groß, man nimmt es in die Lehre, und wenn es dann erwachsen ist, wird es niemanden an der Wand zerschmettern und keine Tore einrennen.«

»Sie werden meinem Vater also helfen?« fragte Carol.

»Das hab ich nicht gesagt. Ich hab noch nie für einen Cowboy gearbeitet, aber ich werde mir anhören, was er zu sagen hat.«

Carol arrangierte eine Telefonkonferenz, doch keiner

der beiden Männer wurde anfangs so recht warm mit dem anderen.

»Ich weiß nicht«, sagte Maguire, »ich weiß nicht, ob ich für Sie arbeiten möchte, Mr. Norris.«

»Wo liegt das Problem?« fragte Bob irritiert.

»Oft holen mich die Leute, und dann erzählen sie mir, wie man einen Elefanten trainiert.«

»Sie sind hier derjenige, der sich mit Elefanten auskennt. Ich kann Cutting-Pferde trainieren, und früher hatte ich mal einen Bären, aber Elefanten fallen nicht in mein Ressort.«

Das gefiel Maguire, und er hörte aus Bobs Worten noch etwas anderes heraus. Er spürte, wie sehr Bob an Amy hing. Denn Elefanten machen süchtig. Sie sind anders als andere Tiere, auch anders als Hunde. Wer viel mit ihnen zusammen ist, wird süchtig nach ihrer Intelligenz und ihrem Umgang mit den Menschen, der einzigartig ist. Man hat es mit einem *Gehirn* zu tun. Und Bob schien jemand zu sein, der schon beim Aufstehen sagte: Ich kann es kaum erwarten, in den Stall zu kommen.

»Meine Frau und ich, wir möchten, daß Amy sich in den täglichen Ablauf auf der Ranch einfügt. Was dabei herauskommen wird, weiß ich nicht, ich möchte nur erreichen, daß ich sie mitnehmen kann, wenn ich auf der Ranch unterwegs bin. Von Kunststücken halte ich nichts.«

Maguire mußte schmunzeln. Norris' rauher Ton sollte darüber hinwegtäuschen, daß er eine tiefe emotionale Bindung zu dem Tier aufgebaut hatte. Maguire ließ sich nichts anmerken und sagte: »Ich kann Ihnen etwa vier Wochen geben. Aber das kostet einiges.«

»Wieviel?«

»Zwölftausend Dollar, nicht mehr und nicht weniger.«

»Heiliger Strohsack!«

Was Bob noch nicht wissen konnte, war, daß Carol ihm Maguires Honorar zum Geburtstagsgeschenk machen würde.

Einige Wochen später stieg Maguire auf der Ranch aus seinem Mietwagen. Ein Blick genügte, und er wußte Bescheid. Seine Schülerin war ein nach Strich und Faden verwöhntes Gör. Kein Wunder, daß sie Training braucht, dachte er. Das Problem ist nicht, daß sie ein Wildtier ist, sondern daß sie tun und lassen darf, was sie will.

So etwas hatte selbst Maguire noch nicht gesehen. Amy kam und ging, wann und wohin es ihr beliebte, sie durchsuchte die Taschen der Leute nach Süßigkeiten, sie schnupperte an ihren Gesichtern und zwischen ihren Beinen und wühlte in ihren Haaren. Sie dachte gar nicht daran zu gehorchen. Sie war dickköpfig und kannte keine Grenzen. Ein Wunder, daß sie nicht schon jemanden ernsthaft verletzt hatte.

Aber Maguire sah auch die ungewöhnliche Beziehung zwischen Bob und Amy. Das war etwas Neues für ihn. Bob sorgt besser für Amy, dachte er, als neunundneunzig Prozent aller Eltern für ihre Kinder. Sein guter Wille strahlt auf sie ab. Er hat etwas Besonderes an sich, und das wird mir die Arbeit sehr erleichtern, ganz gleich, wie verwöhnt Amy ist.

»Womit fangen wir an?« fragte Bob.

»Mit einem Gespräch, zwischen uns beiden.«

»Sie wollen doch Amy trainieren, nicht mich.«

»Das werden wir sehen.«

Maguire zeigte auf Amy. »Sie haben es mit einem wilden Tier zu tun, darüber müssen Sie sich im klaren sein. Amy ist kein Haustier.«

Bob sah ihn durchdringend an. »Entschuldigen Sie, aber für mich *ist* sie ein Haustier. Wie mein Pferd. Wir sind Partner, so empfinde ich das.«

»Aber sie ist kein Pferd, Mr. Norris, sie ist ein Elefant.«

»Für viele Cowboys ist ein Pferd wie ein Pickup, der sie von A nach B bringt. Nie klopfen sie ihm den Hals, nie loben sie es, nie kraulen sie ihm den Rücken. Wenn ich mit meinem Pferd draußen bin, dann ist es mein Partner, und mit Amy ist es genauso. Sie ist wie mein Pferd für mich. Zum Teufel, sie hält sich ja schon selber für ein Pferd mit Rüssel.«

»Ich sage es noch einmal: Sie ist ein Elefant. Machen Sie die Augen auf!«

»Aber ich bin ihr Freund. Sie ist mein kleines Mädchen.«

»Was wollen Sie damit sagen?«

»Ich will damit sagen, daß Sie ihr in keiner Weise weh tun, sie mißhandeln oder grob anfahren dürfen. Ich zahle Ihnen die zwölftausend, aber dafür will ich das Beste vom Besten.«

Es war Maguire offenbar noch nicht gelungen, Bob

seinen Standpunkt klarzumachen. »Wir müssen dasselbe wollen«, erklärte er. »Wir brauchen eine *gemeinsame* Sprache, um sie zu trainieren. Mit irgend etwas muß ich schließlich arbeiten, wenn dieser Anstandsunterricht Erfolg haben soll.«

Amy suchte ihrem Lehrer von Anfang an zu gefallen, auch wenn sie aufgeregt war wie ein Kind am ersten Schultag, als der Unterricht begann. Bob und Michelle, die selbst etwas nervös schien, blieben in ihrer Nähe, was sie offenbar beruhigte. Die Ranchhelfer schauten vom Zaun aus interessiert und neugierig zu.

Maguire, in Jeans, Arbeitshemd und Stiefeln und mit einem langen Stock in der Hand, lenkte Amys Bewegungen mit Seilen, die er ihr um Beine und Hals geschlungen hatte, und tippte sie mit dem Stock an, der seine Autorität repräsentierte. Tat sie, was er von ihr verlangte, belohnte er sie mit Leckereien und aufmunternden Worten.

Anfangs, so glaubte Bob, assoziierte Amy die Seile mit ihrer Gefangennahme in Afrika, mit dem Gejagtwerden, mit Lärm und Schlächterei. Sie wehrte sich mit aller Kraft dagegen. Es war deutlich, daß sie Maguire nicht mochte. Doch er begegnete ihrer Sturheit mit ebensolcher Sturheit, und schließlich merkte sie, daß er ihr nichts Böses wollte, auch wenn er ihr nicht ihren Willen ließ.

Amy sollte lernen, den Befehl »Hinlegen!« auszuführen. Maguire zog sie an den Seilen zu Boden, und dann mußte sie auf sein Kommando wieder aufstehen.

Amy (li.) 1989 in ihren ersten Tagen auf der T-Cross-Ranch in Colorado.

Bob Norris gewöhnt seine kleinen afrikanischen Gäste an die fremde Gesellschaft der Pferde.

Am Anfang reicht Amy Bob gerade einmal bis zur Gürtelschnalle.

Mit ihrem Rüssel, den Amy später so geschickt einsetzte, kann sie in den ersten Monaten nicht einmal Milch ansaugen.

Bald verliert Amy ihre Scheu vor Bob und Big Bob ...

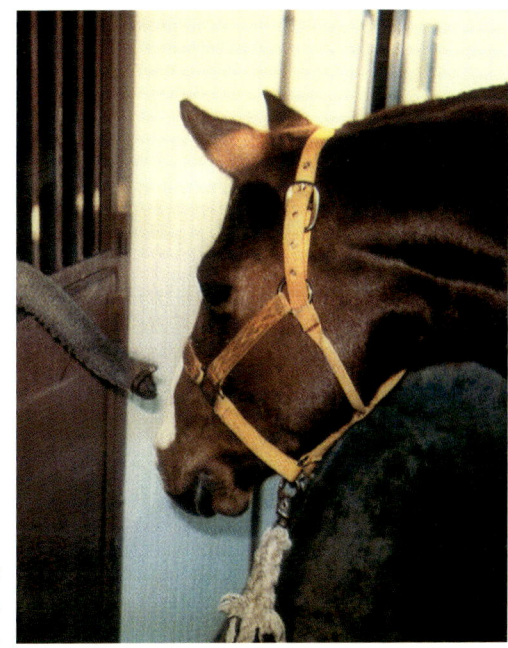

Neugierig erkundet
Amy alles in
ihrer Nachbarschaft.

Amy (li.) ist das kleinste der sechs Elefantenkälber, die Bob Norris aufnahm.

Nachdem ihre fünf Artgenossen an Zoos und Tierparks verkauft waren bleibt Amy allein auf der T-Cross-Ranch zurück.

Eigens für Amy hat Bob eine Schlammgrube anlegen lassen.

Amys Anwesenheit ist bald ein gewohnter Anblick auf der Ranch.

Amy wächst, und die Kunststücke, die Bob mit ihr einstudiert, bringen die beiden einander näher.

Ganz gleich ob in Phoenix oder auf der Ranch in Colorado – seinen Resistol-Hut setzt Bob Norris nie ab.

Bob Norris ist der Inbegriff des amerikanischen Cowboys.

Über 12 Jahre war er der Marlboro-Cowboy. Die Aufnahme zeigt ihn 1965.

...my versteht sich auf den Umgang mit Pferden.

Ihr neues Keyboard bereitet Amy viel Vergnügen.

Amy zeigt bei ihrem Training so viel Geschicklichkeit und Klugheit, daß Bob sie bald vor Publikum auftreten lassen kann.

Bei einem ihrer frühen Auftritte im Rahmen einer Rodeo-Veranstaltung.

Nur mit großem Einfühlungsvermögen und seiner einzigartigen Tierliebe gelingt Bob Norris die Zähmung eines afrikanischen Elefanten.

Es gibt nur ein Problem zwischen Amy und Bob – das Elefantenkälbchen wächst über die Jahre und ...

... überragt schließlich sogar Bobs Pferd um Haupteslänge (rechts).

Schließlich ist Amy zu groß für das Leben auf einer nordamerikanischen Ranch. Sie und Bob müssen Abschied nehmen.

In einem Transporter tritt Amy den zweiten Teil ihrer langen Reise an: von Texas nach Florida.

Bei den »Elefantenleuten« ist Amy in guten Händen: Buckles Woodcock zusammen mit Jane und Bob Norris.

Amys Bestimmungsort aber ist Afrika. Bei Randall Moore in »Abu's Camp« soll sie schließlich auf ein Leben in der afrikanischen Wildnis vorbereitet werden.

Frühjahr 2000: Mit ihren zwölf Jahren ist Amy eine ausgewachsene afrikanische Elefantenkuh und wartet auf die lange Reise über den Atlantischen Ozean.

Ihre Wehrlosigkeit, wenn sie am Boden lag, war ihr sichtlich unbehaglich, doch nach etlichen Wiederholungen begriff sie, daß sie nichts zu befürchten hatte. Vermutlich fragte sie sich, weshalb Maguire sie wieder und wieder aufforderte, sich hinzulegen und wieder aufzustehen, bestimmt fünfzig Mal während jeder Trainingseinheit. Es war eine anstrengende Übung, und nach einigen Tagen war sie ganz erschöpft. Das nutzte Maguire geschickt, denn je müder sie war, desto fügsamer wurde sie. Sie brüllte vor Ärger, aber mit der Zeit begriff sie, was man von ihr wollte.

Und sie gehorchte.

Am nächsten Tag lernte sie, auf das Kommando »Rüssel hoch!« zu reagieren. Sie rollte ihren Rüssel an der Stirn entlang aufwärts und hob den Kopf, damit Maguire ihr einen Keks in den Mund stecken konnte. Ein lautes »Okay« forderte sie auf, sich zu entspannen. Sie hob das Bein und drehte sich in die gewünschte Richtung.

»Das ist ja eine Musterschülerin!« sagte Maguire zu Bob, als Amy sich einmal sogar unaufgefordert hinlegte.

Bob schaute Maguire bei der Arbeit zu. Mit der Zeit faßten die beiden Männer, von denen einer alt genug war, um der Vater des anderen sein zu können, Sympathie zueinander. Sie hatten mehr als nur die Arbeit mit Amy gemeinsam. Beide liebten Tiere, und bis spät in die Nacht unterhielten sie sich über sie. Zum ersten Mal hatte Bob einen Gesprächspartner, der Amy verstand und alles über Elefanten wußte.

Bob half Maguire bei der Arbeit. Nach einer besonders anstrengenden Übungsrunde bat er um er eine Pause. Er wischte sich mit dem Ärmel über die Stirn.

»Hier ist was nicht in Ordnung, Army«, sagte er.

»Was?«

»Sie sagen ›Hinlegen, Amy!‹, und ich ziehe sie mit dem Seil auf den Boden. Sie werden bezahlt, und ich mache die Arbeit.«

»Schließlich bin ich der Lehrer.«

»Und Amy ist die Schülerin.«

»Da irren Sie sich, Bob. Sie sind der Schüler.«

Nach drei Wochen hatte Maguire Bob *und* Amy alles beigebracht, was sie je im Umgang miteinander zu lernen hatten.

T. J. und alle anderen Helfer der T-Cross-Ranch kamen zu Amys Abschlußfeier. Bobs Schwiegersohn war da und natürlich Maguire, Jane und Laura Harris, die sich feingemacht hatte wie für eine Party. Bobs Hengst Big Bob trug seinen Paradesattel. Michelle und Butch liefen auf der Suche nach Eßbarem vor den Zuschauern hin und her. In der Reithalle der Ranch saß die Grundschulklasse von Bobs Enkelsohn auf der Tribüne.

Jane plauderte mit einem eigens eingeladenen Reporter der Lokalzeitung.

»Ob Bob stolz auf Amy ist?! Und ob! Fragen Sie ihn mal nach den vielen Fotos von ihr, die er immer bei sich hat. Bei jeder Dinnerparty zeigt er sie herum, als wären es Bilder von seiner Enkelin.«

Bob trug zur Feier des Tages sein schickes Western-

Outfit – frische Wranglers, ein pastellfarbenes Hemd mit Fransen und Perlmutt-Druckknöpfen, ein buntes Halstuch, einen fast neuen Hut und einen Gürtel mit der großen vergoldeten Gürtelschnalle der Cutting-Pferde-Vereinigung. Auf Big Bobs Rücken kam er mit Amy in die Halle. Der Applaus hallte von der Metalldecke wider.

Amy war aufmerksam, ruhig und konzentriert. Sie hatte ein Ziel, nämlich Bob und Maguire zu gehorchen. Sie schien förmlich stolz auf ihre Ausbildung zu sein. Ihre Abschlußvorführung begann, und sie zeigte, was sie gelernt hatte. Sie sprang von einem Vorderfuß auf den anderen, eine Übung, die Bob »Breakdance« nannte, und sie winkte mit einer kleinen amerikanischen Flagge.

Bob führte sie im Kreis herum und zur Tribüne, wo die Kinder ihren ausgestreckten Rüssel berühren durften. Er summte die Nationalhymne, und Amy ging auf einem Podest in Habachtstellung.

Auf der Tribüne sagte Maguire zu T. J.: »Sie steht gern im Rampenlicht. Mein Gott, was für eine Schauspielerin sie ist!«

Bob wandte sich an die Kinder. »Haltet ihr noch Mittagsschlaf?« fragte er sie und sagte dann zu Amy: »Hinlegen!« Doch Amy ging ungerührt davon.

Bob wurde unsicher. Wie sollte er reagieren, wenn sie nicht gehorchte? Aber dann kam sie zurück und tat wie geheißen; sie hatte ihm wohl nur einen Streich spielen wollen. Erleichtert faßte Bob in die Tasche der Tischlerschürze, die er sich umgebunden hatte, und warf ihr einen Keks in den Mund. Nachdem sie wieder aufgestanden war, band er ihr ein leuchtend rosafarbenes Anstecksträußchen um den Hals und überreichte ihr ein zusammengerolltes »Diplom«.

»Amy ist auch in die Schule gegangen«, sagte er zu den Kindern, »und das war für sie auch nicht immer leicht.«

Er nahm seinen Hut ab und winkte dem Publikum zu. »Ich möchte Ihnen und auch euch Kindern sagen, daß Amy, mein kleines Mädchen, Schlimmes durchgemacht hat. Ganz allein mußte sie weit mehr ertragen als viele von uns Menschen. Aber sie hat uns gezeigt, was man erreichen kann, wenn man nur will. Ich bin sehr stolz auf sie.«

Laura Harris, die etwas abseits stand, kam aus dem Staunen nicht heraus. Was Bob und Amy geleistet hatten, war einzigartig. Was für ein sonniges Gemüt Amy hat, dachte sie. Es gibt gutmütige und es gibt schwierige Tiere, manche machen Schweres durch, andere haben es leicht. Entscheidend ist, was man daraus macht.

Mit Bob hatte Amy ihr Glück gefunden, das stand fest. Alles andere war Vergangenheit. Bob war ihre Realität, in der sie aufwachsen würde. Und damit war sie glücklich.

KAPITEL FÜNF

Amy, das Cowgirl

In den Tagen nach der Feier knüpfte Amy dort wieder an, wo sie vor ihrer Ausbildung aufgehört hatte – sie machte, was sie wollte, und ging, wann und wohin es ihr gefiel.

Bob hatte erwartet, daß sie ihn jetzt auf seinen Ritten begleiten würde. Er hatte sich darauf gefreut, mit ihr zu reden, wenn er zum Wassertank hinaufritt, wo er ab und zu Zwiesprache mit der Natur hielt. Aber nichts konnte Amy bewegen, mitzukommen. Sie liebte ihren Auslauf und wollte nicht fort von ihrer Box, ihren Spielsachen, der Suhle und den Luzerneballen neben dem Pferdestall.

Eines Tages ritt Bob, von Butch und Jo begleitet, auf Big Bob die Zufahrt hinaus. Er schaute zurück, und sein Herz machte einen Satz: Amy folgte ihm! Er versuchte gar nicht erst, seine Freude zu verbergen. Plötzlich aber blieb sie stehen, machte kehrt und trottete zurück. Bob ritt weiter. Sie hatte Angst, das wußte er, aber irgendwann würde sie vielleicht mitkommen. Für heute hatte sie allen Mut aufgebracht, und das war immerhin ein Anfang. Bob mußte sich in Geduld fassen.

Als er später am Nachmittag zurückkam, stand vor dem Pferdestall ein Mann neben einem Wagen mit dem Emblem des US-Landwirtschaftsministeriums. Er trug schwarze Gummistiefel und einen ausgebleichten grünen Overall und hielt ein Klemmbrett in der Hand. Bob schob zur Begrüßung seinen Hut zurück. Der Beamte sagte, er komme wegen Amy.

»Was haben Sie mit Elefanten zu tun?« fragte Bob erstaunt.

»Das Landwirtschaftsministerium ist beauftragt, dafür zu sorgen, daß Elefanten artgerecht gehalten werden, in Zoos, in Zirkussen und auch bei Leuten wie Ihnen. Von denen gibt es allerdings nicht allzu viele.« Er warf einen Blick auf sein Klemmbrett. »Ich muß die Ranch begutachten, um festzustellen, ob die Sicherheit des Tieres gewährleistet ist.«

»Das ist sie«, sagte Bob, »mein Wort darauf.«

Bob gefiel diese Einmischung nicht, aber er ließ den Mann gewähren und schaute zu, wie er Amys Box genauestens überprüfte. Mit einem Maßband wurde die Länge des Maschendrahtzauns um ihren Auslauf ermittelt, die Grundfläche von Auslauf und Box, die Abstände zu den elektrischen Leitungen und anderes mehr. Vieles entsprach den Richtlinien für private Elefantenhaltung, manches nicht.

Der Beamte schien über einige Erfahrung und ein profundes Wissen über Elefanten zu verfügen. »Die Bedingungen, unter denen Elefanten gehalten werden, sind teilweise so katastrophal, daß wir gezwungen sind einzuschreiten. Manche wissen gar nicht, wozu diese Tiere fähig sind. Elefanten können sich aus reiner Neugier schwere Verletzungen zufügen.«

Bob nahm den Hinweis gelassen zur Kenntnis. »Da ist es wohl besser, Sie sind übervorsichtig«, sagte er. »Amy spielt ständig an irgend etwas herum, und wenn sie irgendwo rein kann, dann geht sie rein, wie ein Kind, das die Gefahren noch nicht einschätzen kann. Nicht einmal in die Futterkammer kann man sie lassen; sie würde so viel fressen, daß sie Koliken bekommen würde. Aber toi, toi, toi. Bisher war sie noch nie krank.«

Bob hatte nicht die Absicht, Amy staatlicher Richtlinien wegen zu verlieren, und er fragte sich, ob der unangekündigte Besuch des Inspektors nicht erst der Anfang war. Man hatte ihm erklärt, daß ein zweiter Kontrollbesuch erfolgen werde, um die vorgeschriebenen Veränderungen zu überprüfen. Schlimmstenfalls könne man das Tier konfiszieren – aber so weit wollte Bob es nicht kommen lassen.

Jetzt, da sie abgerichtet war, sollte Amy auf der Ranch auch Pflichten übernehmen.

»Was kann man einem Elefanten denn zu tun geben?« fragte T. J. ungläubig.

»Wenn ich das nur wüßte!« Bob sah zu Amy hinüber, die in ihrem Auslauf stand.

»Sie könnte sich ja um die Fohlen kümmern«, schlug T. J. vor.

»Ja, und um die Rinder.«

T. J. lachte. »Sie könnte Cowgirl werden.«

Nicht lange, nachdem der Beschluß gefaßt war, wollte Bob Amy zeigen, wie man ein Rind aus der Herde aussondert. Mit ihrer Größe und ihrem Rüssel mußte sie jedem Cutting-Pferd überlegen sein. Bob führte sie in den Cutting-Pferch, an dessen anderem Ende sich neun junge Stiere mit angstvoll vorquellenden Augen zusammendrängten. Sie bemerkten Bob kaum, als er sich ihnen auf Big Bob näherte. Einer von ihnen bewegte sich, und die anderen vollzogen die Bewegung nach Rinderart mit.

Rinder sind halbwilde Tiere und tun ungern, was die Cowboys wollen. Die Kunst besteht darin, ein Tier von der Gruppe zu trennen. Auf dem offenen Weideland wird jedes Tier einzeln gefangen, gebrandmarkt und geimpft. Bob tat das sehr elegant, und durch sein Beispiel wollte er Amy anlernen, aber sie war zerstreut und gab nicht acht. Bob hätte schwören können, daß die Angst der Rinder sie amüsierte.

Ehe Amy allein arbeiten konnte, mußte Bob ihr zeigen, was er von ihr wollte. Sie war intelligenter als ein Pferd und sehr viel intuitiver. Er stieg ab und ging zu ihr. »Hinlegen!«, befahl er. Er hatte Maguires Stock in der Hand, und sie gehorchte anstandslos. Er strich ihr über den Rücken, redete mit ihr und warf ihr dann eine Pferdedecke über. »Braves Mädchen«, sagte er und belohnte sie mit einem Keks aus der Tasche seiner Tischlerschürze. Dann befahl er: »Rüssel hoch!« Sie war neugierig, was er als nächstes tun würde.

Er setzte sich rittlings auf sie. »Okay«, sagte er. Er wartete; sie wartete. Nichts geschah, bis Amy sich nach Bob umsah und in Erwartung einer Leckerei den Rüssel über ihren Kopf nach hinten streckte. »Auf, Amy«, sagte Bob. Sie erhob sich und setzte sich in Bewegung, und sie trotteten langsam im Kreis. Die Stiere stoben erschrocken auseinander. Noch war ihnen Amy nicht nähergekommen.

Während Bob in den folgenden Tagen mit Amy arbeitete, hatte er das Gefühl, daß irgend etwas an diesem Training nicht in Ordnung war. Amy konnte Rinder bald so gut aussondern wie jedes Cutting-Pferd, aber Bob hatte das Gefühl, als sei eine solche Arbeit unter ihrer Würde. Elefanten waren nicht dazu geschaffen, die Bewegungen eines verängstigten Kalbes vorauszusehen. Ihr Rüssel half Amy, und sie war willens, alles zu tun, was Bob von ihr verlangte, aber sie war ein zu edles Tier, als daß man sie wie ein Pferd hätte reiten dürfen. Er wollte ihr ihre ungezähmte Natur und die Schönheit eines Tieres fern von menschlicher Einflußnahme erhalten.

Nie wieder mutete er ihr zu, ihn zu tragen.

Statt dessen brachte er ihr bei, die Fohlen zu bewegen. Er hielt ihr ein Führseil hin und sagte: »Nimm das, Amy!« Das Gatter des Auslaufs konnte sie bereits öffnen, und Bob zeigte ihr, wie sie den Fohlen den Weg abschneiden mußte, wenn sie an ihr vorbei wollten. Sie streckte den Rüssel aus, faßte die Führseile und zog die Fohlen dicht zu sich heran. Dann drehte sie sich um und führte sie durch das Gatter hinaus.

Bald brauchte Bob ihr nicht einmal mehr zu sagen, was sie zu tun hatte. Ihre Arbeit schien ihr ebensoviel Freude zu machen wie einem Schulmädchen ein Babysitterjob.

Sie folgte Bob jetzt auf Schritt und Tritt. Wenn er in sein Büro ging und die Tür hinter sich zumachte, trompetete sie laut und wartete draußen auf ihn, mit einer Geduld, die ihn in Erstaunen setzte. Kam er wieder heraus, war sie überglücklich und begrüßte ihn mit einem feuchten Kuß ins Gesicht und der Durchsuchung seiner Kleider. Wenn einer der Helfer Bob suchte, um etwas mit ihm zu besprechen, brauchte er nur nach Amy Ausschau zu halten.

Von ihrem Auslauf aber wagte sie sich noch immer nicht allzu weit weg, nicht einmal mit Bob. Der Auslauf war ihr Zuhause, er stand für die Befriedigung ihrer Grundbedürfnisse nach Nahrung und Schutz. Hier lagen ihre Spielsachen verstreut, und hier konnte sie mit Michelle zusammensein. Längst forderte Bob sie nicht mehr auf mitzukommen, wenn er auf Big Bob Zäune kontrollierte. Nur Butch und Jo begleiteten ihn.

Das Kontrollieren und Instandsetzen der Zäune ist eine uralte Rancherarbeit. Durchbricht ein Rind den Zaun, ist es verloren, und da Rinder auf der Weide meist dem Leitstier folgen, bleibt es oft nicht bei dem einen Tier. Für den Rancher bedeutet das einen finanziellen Verlust. Zudem führte am Ostrand der T-Cross-Ranch ein vielbefahrener Highway vorbei.

Für einen Cowboy ist es eine erholsame Tätigkeit,

nach zerrissenem Draht und zerbrochenen Pfosten Ausschau zu halten. Vor allem bei gutem Wetter können die langen, einsamen Ritte unter dem weiten Himmel wunderschön sein. Bob dachte dabei nach, sang oder redete mit seinem Pferd und mit sich selbst.

Amy lief Bob gewöhnlich bis zu ihrer Suhle nach und machte dann kehrt. Er schaute schon gar nicht mehr zurück, um zu sehen, ob sie ihm folgte. Eines Tages geriet sie außer Sichtweite der Ställe und Ranchgebäude, ohne es zu merken. Sie warf einen Blick zurück und setzte ihren Weg dann mit entschlossenem Schnauben fort. Bob freute sich insgeheim und ritt langsamer. Er zog sich den Hut in die Stirn und beobachtete sie aus dem Augenwinkel.

Neugierig tastete Amy mit ihrem Rüssel um Felsen herum und unter Sträucher und Büsche. Eidechsen, Kaninchen und brütende Vögel kamen unter dem Beifuß hervorgeschossen, Windböen trieben Steppenhexenknäuel vor sich her, die so groß waren wie ihr Gummiball. Sie jagte ihnen nach und scheuchte auch Butch und Jo auf. Einmal blieb sie stehen und betrachtete die rasch dahinziehenden Wolken. Bob wurde mit einemmal klar, daß sie sich, seit sie Afrika verlassen hatte, zum ersten Mal wieder in freier Natur befand. Sie vergnügte sich wie ein Kind, das man gegen seinen Willen zum Spielen hinausgeschickt hat. Sie stöberte und schnupperte und schaute auf, wenn ein Vogelruf ertönte. Sie hob Stöcke auf, betrachtete verdutzt Kakteen mit abgebrannten Stacheln, drehte Steine um und riß Grasbüschel heraus. Die Welt jenseits des Pferdestalls wurde für sie zu einem neuen großen Abenteuer, das ihr ein Gefühl der Freiheit vermittelte, wie sie es lange nicht mehr gespürt hatte.

Bob kam zu der Überzeugung, daß Amy wußte, was Schönheit war. Sie blieb stehen, um den zarten Duft einer Blume einzuatmen, sie schien das Leuchten einer Butterblume zu bemerken, sie betrachtete die Wolken, sie fing die Schirmchen der Pappelsamen aus der Luft auf, hob mit einem Finger ihres Rüssels junge Blätter an und sah Wildenten- und Wildgänseschwärmen nach. Kleine Tiere, die vor ihrem forschenden Rüssel davonhuschten, schienen sie zu amüsieren. Bob bildete sich sogar ein, sie lächeln zu sehen und ein Elefantenlachen zu hören.

Die Insassen vorbeifahrender Autos rieben sich ungläubig die Augen. Sie fuhren noch ein Stück weiter, doch ehe Bob bis drei zählen konnte, hielten sie an, drehten sich um und starrten Bob und Amy offenen Mundes an. Dann setzten sie zurück, bis sie wieder auf gleicher Höhe mit ihnen waren.

Bob war zu stolz auf Amy, um den Leuten nicht einen längeren Blick auf sie zu gönnen. Manchmal kam es zu einem regelrechten Stau, und am Straßenrand versammelten sich aufgeregte Kinder mit ihren Eltern. Die meisten hatten Elefanten bis dahin nur im Zirkus oder im Zoo gesehen. Ein Elefant, der einen Cowboy beim Zäunekontrollieren begleitete – so etwas war noch nie dagewesen.

Die Eltern stellten Bob Fragen, während ihre Kinder durch den Stacheldraht faßten, um Amy zu streicheln.

Bob gab ihnen Leckereien, mit denen sie Amy füttern durften, und Amy durchsuchte ihre Taschen.

Oft kamen sie von diesen Touren müde und erhitzt nach Hause. Manchmal spritzte Bob Amy dann mit dem Wasserschlauch ab, und sie wand sich genüßlich und drehte sich ächzend im Kreis. Bearbeitete er ihre Haut mit einer langstieligen Bürste, schwenkte sie wohlig ihr Hinterteil. Sie ging zu dem Sägemehlberg, den Bob für sie aufgehäuft hatte, damit sie sich darin wälzen konnte, legte sich hin und scheuerte sich den Rücken, während Bob ihr mit einer Kohlenschaufel Sägemehl auf den Bauch streute.

Einmal, als das Thermometer am Stall dreiundvierzig Grad anzeigte, revanchierte sich Amy nach einem solchen Ritt. Bobs Hemd war durchgeschwitzt, und um seinen Hut zog sich ein dunkler Streifen. Amy verschwand um die Stallecke, und als er Big Bob absattelte, kam sie zurück. Sie hob den Rüssel und spritzte ihn über und über mit erfrischend kühlem Wasser naß, das sie aus einer Tonne geholt hatte. Erst dann gönnte sie auch sich selbst eine Dusche.

T. J. hatte die Szene fasziniert beobachtet. »Denkst du, was ich denke?« fragte er Bob.

»Ja. Wie eine Mutter«, antwortete Bob. Ich glaube, sie mag mich auch, fügte er in Gedanken hinzu.

Die Zeit verging, und Amy und Bob lebten und arbeiteten Seite an Seite. Amy war auf der Ranch längst nichts Besonderes mehr, und kaum jemand nahm sie noch als exotisches Tier wahr. Sie gehörte einfach dazu. Trainierte Bob die Pferde, half sie ihm dabei. Ein Tag war wie der andere. Bob hatte seine Videokamera weggepackt und holte die Fotos von Amy nur noch selten hervor.

Das Verhältnis zwischen ihr und Bob war vollkommen. Eine seltsame Art von Zuneigung und gegenseitiger Achtung herrschte zwischen den beiden so unterschiedlichen Lebewesen, die sich auf einer letztlich unbekannten Ebene gefunden hatten. Sie konnten zwar nicht miteinander sprechen, aber ihre Intuition reichte als Sprache aus.

Dennoch war Bob sich nie ganz sicher, ob seine Zuneigung wirklich erwidert wurde. Eines Morgens aber – Amy war seit fast drei Jahren auf der Ranch – machte sie ihm ein ungeahntes Geschenk. Er befand sich in ihrer Box, und sie hob den Kopf und öffnete den Mund. Während er noch überlegte, was sie ihm damit sagen wollte, faßte sie nach seiner Hand und führte sie in ihren Mund. Entweder sie will meine Hand fressen, sagte sich Bob, oder sie will, daß ich ihre Zunge streiche. Und genau das wollte sie. Er streichelte Amys Zunge, und sie gab mit halb geschlossenen Augen ein leises Grollen von sich, das wie ein sanftes Schnurren klang.

Bob verstand, was sie ihm auf ihre Weise mitteilen wollte – daß sie ihn als Angehörigen ihrer eigenen Spezies akzeptierte. In menschlichen Begriffen ausgedrückt: Sie liebte ihn. Er war ihre Familie, sie fühlte sich bei ihm zu Hause.

Nichts hatte Bob je mehr bedeutet als ihre Zuneigung und ihr Vertrauen. Der Gedanke, daß sie von nun an gesund, glücklich und stark sein würde, beglückte ihn. Unfähig, seine Gefühle in Worte zu fassen, sagte er nur: »Jetzt scheint die Welt für Amy wieder in Ordnung zu sein.«

Manchmal machten sie unter den Eukalyptusbäumen Picknick. Die Luft war klar, die Blumen blühten, der ganze Sommer lag vor ihnen. Amy stand an einem Ende des Picknicktischs, Michelle am anderen, Butch hatte sich im Schatten ausgestreckt. Bob packte das Essen aus einer Papiertüte, legte es auf den Tisch, und sie aßen zusammen.

Mitunter vibrierte die Luft um Amy. Wollte sie Bob etwas mitteilen? Sie verstand ihn, er aber konnte ihre Botschaften nicht verstehen. Oft erspürte sie seine Gemütslage, bevor er sich selbst darüber im klaren war. Gleichgültig ob er traurig, wütend, niedergeschlagen oder glücklich war, sie paßte sich seiner Stimmung an. Wenn er sich gut fühlte, begrüßte sie ihn mit begeistertem Trompeten. War er bedrückt, verhielt sie sich ruhig, schmollte er, schien sie ebenfalls zu schmollen. Mußte er für einen Tag fort, erriet sie es unfehlbar. Bei seiner Rückkehr streckte sie den Rüssel hoch, öffnete den Mund und stieß ein freudiges Willkommenstrompeten aus. Sie drückte ihm einen Kuß aufs Gesicht, und er pustete ihr in den Rüssel – ein Elefantengruß, den Army Maguire ihm verraten hatte.

Im Frühjahr wurden die trächtigen Kühe und jene, die bereits Kälber hatten, zusammengetrieben. Bob und Amy machten sich dann auf die Suche nach schwächeren Kühen und Kälbern, die in den Wasserlöchern steckengeblieben waren. Bob warf von Big Bobs Rücken aus sein Lasso um das Tier und schlang es um das Sattelhorn, damit Big Bob es herausziehen konnte. Manchmal watete er auch selbst ins Wasser und ließ Amy unterdessen die Zügel halten. Sie wäre stark genug gewesen, die Rinder mit ihrem Rüssel aus dem Sumpf zu ziehen, doch bei ihrem Anblick befreiten sie sich manchmal vor Schreck selbst.

Die Cowboys hielten die Herden in Bewegung. Rinderherden gleichen einer riesigen Mähmaschine und müssen von einem Teil der Ranch zum anderen gebracht werden, um eine Überweidung der Flächen zu verhindern. Nach einem strengen Winter bekamen die Tiere Baumwollkuchen, Rauschopf, Kaktusfeigen und Heu, nach milden Wintern weideten sie und setzten bis zum Frühjahrs-Viehtrieb Fett an. Die Kälber wurden ausgesondert und gebrandmarkt und konnten sich den Sommer über frei auf der Ranch bewegen. Mensch und Tier leisteten dann Schwerarbeit, und die Tage waren lang, auch für Amy. Ihre Anwesenheit beim Viehtrieb hatte eine seltsame Wirkung auf die Rinder: Sie ließen sie nicht aus den Augen und waren dadurch leichter einzufangen. Besondere Pflichten hatte Amy nicht. Sie hielt sich dicht bei Bob, als wollte sie ihn beschützen. Sie wurde kaum noch beachtet, es sei denn, sie war den Cowboys wieder einmal im Weg.

Amys Humor oder das, was er als ihren Humor empfand, gefiel Bob. Er war sich sicher, daß sie über die Rinder lachte, und auch das unterschiedlich laute Trompeten, das die Fohlen ihr entlockten, klang für ihn wie Gelächter. Sie schien sogar Michelles spaßhaftes Wehklagen zu verstehen, wenn sie die Ziege alleinließ. Sie hielt sie für einen Einfaltspinsel, davon war Bob überzeugt. Sie neckte Michelle gern und machte ihr das Gatter vor der Nase zu, spritzte sie mit dem Gartenschlauch naß, schubste sie in den Matsch und warf mit Spielsachen nach ihr. Doch Michelle ließ sich nicht beirren. Sie wollte nur eines: bei Amy sein.

Im Sommer erfanden Bob und Amy Spiele. Eines bestand darin, daß er sie ignorierte, bis sie sich grollend, stöhnend und trompetend beklagte. Beim Fangenspielen rannte sie mit weit abgespreizten Ohren und ausgestrecktem Rüssel trompetend hinter ihm her, und die Verfolgungsjagd endete damit, daß Bob sie mit dem Schlauch und sie ihn mit dem Rüssel naßspritzte.

Morgens spielten sie Verstecken. Um ihre Box ausmisten zu können, forderte Bob sie auf, in den Auslauf hinaus zu gehen, denn für sie beide war darin nicht genug Platz. Sie gehorchte widerstrebend, erschien aber kurz darauf wieder und wollte sich hineinschleichen.

»Nein, Amy«, sagte Bob.

Zentimeter um Zentimeter schob sich ihr Fuß über die Schwelle.

»Nein, nein«, wiederholte Bob mit gespieltem Ernst.

Sie zog den Fuß zurück, um ihn gleich darauf von neuem vorzuschieben. Bob war überzeugt, daß sie sich selbst für winzig, wenn nicht gar unsichtbar hielt. Jetzt kam der andere Fuß herein, dann die Schulter, und schließlich stand der ganze Elefant wieder in der Box. Bob polterte scheinbar entrüstet los, und Amy flüchtete mit schlenkernden Beinen und wehenden Ohren wie ein großer Vogel die Stallgasse hinunter.

Sie durchquerte den Auslauf und erschien von neuem vor ihrer Box, öffnete die Tür und schob sich langsam hinein. Wieder schimpfte Bob sie aus, und wieder lief sie schreiend davon.

Während sie draußen umherging, versteckte Bob sich in einer anderen Box und kauerte sich in die Ecke neben der Tür zur Stallgasse. Amy schaute in ihre Box und suchte dann aufgeregt trompetend den ganzen Pferdestall ab. Dabei wußte sie, wo er war, denn er versteckte sich immer an derselben Stelle. Wenn sie ihn entdeckte, trompetete sie noch lauter und rannte davon.

Einmal stand ein junges Pferd, das Bob zufolge »ein bißchen dumm war und sich auf nichts konzentrieren konnte«, vor dem Auslauf und spähte nach Amys Heu, das neben der Tür zu ihrer Box lag. Amy hatte sich rückwärts an Bob herangeschoben und ließ sich von ihm kraulen. Im Radio lief Countrymusik. Das Fohlen betrat den Auslauf und steuerte auf das Heu zu, konnte es jedoch nicht erreichen, weil seine Zügel es behinderten. Amy beobachtete das Fohlen, und Bob beobachtete Amy. Sie drehte sich zu ihm um, als wollte sie sagen: »Moment, ich komm gleich wieder«, und ging zu dem Pferd, führte es am Zügel aus dem Auslauf und schloß das Gatter. Dann holte sie ein großes Bündel Heu, kehrte zu dem Fohlen zurück und fütterte es wie eine Mutter ihr Baby. Nicht zum ersten Mal bedauerte Bob, seine Kamera nicht dabeizuhaben.

Da Amy auf einer überdimensionalen Plastik-Mundharmonika »spielen« konnte, war Bob zu der Überzeugung gelangt, daß sie musikalisch sei, und beschloß, ihr Talent durch Klavierstunden zu fördern. Er besprach sich mit den Experten von Toys»R«Us und kam mit einem Keyboard auf der Ladefläche seines Pickups nach Hause.

Er stellte das Instrument in Amys Auslauf, schnitt eine Karotte klein und legte ein Stück auf eine Taste. Karotten aß Amy fast so gern wie ihre geliebten Zimtschnecken. Als sie das Stück nahm, drückte sie auf die Taste, und ein Ton erklang.

»Nicht loslassen. Nicht loslassen. Ganz ruhig ... laß den Rüssel drauf«, wies Bob sie sanft an. Nach einer Weile sagte er »Okay!«, und sie aß das Karottenstück auf. Er wiederholte das Spiel mit anderen Tasten, so lange, bis sie begriff, was er von ihr wollte. Zu T. J. sagte er: »Eine Melodie wird sie nie zustande bringen, aber das kann ich auch nicht.«

Manchmal tanzte Bob, wenn Amy spielte. Die Ranchhelfer fragten sich, ob ihr Boß übergeschnappt sei, wenn sie ihn im Auslauf herumhüpfen sahen. »Das ist eine Melodie aus Simbabwe, Jungs«, sagte er dann zu ihnen, »die kennt ihr nur nicht.« Bald tanzten alle, schlugen sich auf die Stulpen, schwenkten die Hüte und lachten so laut, daß man es bis zum Highway hörte. Bob sang zu Amys Musik, schlug den Takt und schwenkte wie ein Dirigent die Arme. Schließlich fing Amy ebenfalls an zu tanzen, und Bob schaltete das Instrument auf Automatik. Staub wirbelte auf, und sie tanzten, bis die Musik verstummte.

Amy stand gern im Rampenlicht. Die Disziplin und die Herausforderung einer »Darbietung« nahmen sie gefangen. Gemessen an dem, was Zirkuselefanten lernen, waren ihre Kunststücke einfach: Sie tat nichts anderes als das, was Elefanten ohnehin tun.

Ein Brunch mit Amy im El Charro's, Bobs Lieblingsrestaurant, vor dem Amy einmal eine spontane Darbietung gegeben hatte – worauf sie mit einem Teller Zimtschnecken belohnt worden war –, brachte Bob auf eine Idee. Amys kleine Vorführung hatte den Gästen gefallen – warum sollte sie nicht eine Vorstellung für Kinder geben? Die Norris' spendeten zwar häufig Geld für wohltätige Zwecke, doch Bob fand, es sei besser, selbst etwas für andere zu tun, anstatt nur Geld zu geben.

Eines Tages brachte er Amy mit dem Pferdetransporter zu einer Grundschule der Pueblo-Indianer. Er trug ein schmuckes rotes Cowboyhemd, an dessen Ärmel Jane Fransen angenäht hatte. Amy kam rückwärts aus dem Anhänger gestapft, gefolgt von Michelle, Big Bob und Butch. Sogar ein Fernsehteam war da, das Amys Vorführung filmen wollte.

Amy und Bob gingen vom Parkplatz zum Baseballfeld der Schule, wo die Kinder bereits auf den Tribünen saßen. Amy brauchte nichts anderes zu tun, als sie selbst zu sein. Ein lebender Elefant übt eine magische Anziehungskraft auf Kinder aus. Bob stellte das Keyboard auf und rollte ein Stahlpodest herein. Amy spazierte unterdessen mit Michelle im Schlepptau zur Homeplate des Spielfeldes und hob das Gummirechteck aus dem Boden. Die Kinder schrien vor Begeisterung. Sie trug es zum Wurfhügel, ließ es fallen und versuchte dann, den Pitcher's Rubber, die Abwurfmarkierung, auszugraben. Noch ehe die Vorstellung begonnen hatte, hatte sie die Herzen der Kinder erobert.

Doch jetzt wandte sie sich der Tribüne zu und beugte ein Knie. Sie schwenkte die amerikanische Flagge und spielte dann auf ihrem Keyboard. Bob sang aus voller Kehle »The Yellow Rose of Texas« und erzählte den Kindern Amys Geschichte und alles, was er über Elefanten in freier Wildbahn wußte. Die Kinder jubelten, als Amy auf das Podest stieg, ihren »Breakdance« vorführte und sich auf die Seite rollte. Zum großen Finale blies sie auf ihrer Mundharmonika und verbeugte sich vor dem applaudierenden Publikum.

Am Abend konnte man Amy in den Fernsehnachrichten sehen, und bald füllte sich der Briefkasten der Ranch mit Einladungen zu Gastspielen. Bob war begeistert und geschmeichelt. »Ich glaube, wir werden noch berühmt«, sagte er zu Jane.

Amys plötzlicher Ruhm veranlaßte ihn, sich ernsthafte Gedanken über ihre Zukunft zu machen. Würde sie eines Tages fort müssen? Sie war jung, es gab noch viel zu sehen und zu tun für sie, und sie mußte noch vieles lernen, was er ihr nicht beibringen konnte. Ein ganzes Leben lag vor ihr, das er wohl kaum mit ihr würde teilen können.

Eine der ersten Einladungen, die Bob annahm, kam von den Veranstaltern einer Wohltätigkeitsgala unter dem Motto »Zirkuswelt«, mit Tanz unter freiem Himmel. Die

Gäste waren als Clowns, Löwenbändiger, Seiltänzer und ähnliches mehr kostümiert, und das Büfett reichte von einem Ende des langen weißen Zeltes bis zum anderen. Es war ein wunderbarer, festlicher Abend, und Amy schien das bunte Treiben zu genießen. Sie absolvierte ihre Darbietung nun schon sehr routiniert, und Bob nahm voll Stolz den donnernden Applaus entgegen.

Immer mehr Anfragen kamen, doch Bob und Amy gaben nur noch eine einzige Vorstellung bei der großen Viehschau mit Rodeo in Denver. Die Gäste saßen auf Heuballen und Klappstühlen im Halbkreis, das Essen wurde auf Papptellern serviert, Tische gab es nicht. Amy zeigte wie gewohnt ihr Können, aber irgend etwas schien sie abzulenken. Sie verpasste Stichwörter und schwenkte ihre Flagge ohne Begeisterung. Bob fragte sich, ob sie eine Pause brauche. Als er sie aufforderte, sich auf das Podest zu setzen, rührte sie sich nicht. O Gott, dachte Bob und befürchtete das Schlimmste. Amy fixierte einen Mann, der mit einer großen Portion Hähnchen mit gekochten Maiskolben und Bohnen auf seinem Pappteller in der ersten Reihe saß. Amys Rüssel schnellte vor, und schon hatte sie ihm den Teller weggeschnappt. Der Mann fiel hintenüber, und das Publikum brüllte vor Lachen. Doch allmählich wurde Amys Umgang mit ihren Zuschauern zu vertraulich, und es dauerte nicht mehr lange, bis Bob einsah, daß auch diese Episode in Amys Leben zu Ende war. Er zog sich aus dem Showgeschäft zurück.

Er hatte seine Entscheidung im richtigen Moment getroffen, denn schon kurz darauf konnte er eines Morgens beim Aufstehen sein Knie nicht mehr bewegen. Er wollte sich nicht eingestehen, daß er zum Arzt mußte, doch auf Janes Drängen suchte er schließlich einen Chirurgen auf, der ihm ein künstliches Kniegelenk einsetzte.

Kaum wieder dazu in der Lage, ging er an seinen Krücken geradewegs in den Pferdestall und öffnete Amys Tür. Amy trat in die Stallgasse hinaus und tastete freudig sein Gesicht ab. Er humpelte weiter zur Sattelkammer, und sie folgte ihm. Als er sich umsah, mußte er laut lachen: Amy humpelte ebenfalls, im gleichen Rhythmus wie er.

»Laß das!« sagte er. »Ich laß mich doch von einem Elefanten nicht auf den Arm nehmen!«

Doch Jane machte sich Sorgen um Bob. »Amy wird immer größer«, sagte sie zu ihm. »Was ist, wenn du einmal nicht rechtzeitig ausweichen kannst und sie dich versehentlich umrennt?« Ihre Stirn legte sich in Falten. Sie schien die einzige auf der T-Cross-Ranch zu sein, die sich darüber im klaren war, daß Amy nicht für immer würde bleiben können.

KAPITEL SECHS

Amy wird erwachsen

Amy war seit fünf Jahren auf der T-Cross-Ranch in Colorado, als Bob und Jane Norris zu »Zugvögeln« wurden und für die Wintermonate in den warmen Süden Arizonas übersiedelten. Nach dem Herbst-Viehtrieb packten sie ihre Koffer, und Bob übergab die Ranch einem Verwalter. Ihre Menagerie in einem Pferdetransporter im Schlepptau, fuhren sie mit ihrem Pickup auf der Interstate 25 südwärts, durch Pueblo und bis zur Grenze New Mexicos bei Trinidad.

Bob hatte den Anhänger so hergerichtet, daß er Amy, Michelle, die beiden Hunde, Big Bob und meist noch ein anderes Pferd aufnehmen konnte. Auch Sättel und Zaumzeug, Janes Kleider und ihr Schmuck wurden darin untergebracht und nicht zuletzt Amys Keyboard, damit Amy unterwegs darauf spielen konnte. Auf dem Dach hatte Bob Heuballen festgezurrt. Der Anhänger ächzte unter der Last.

Am Abend vor der Abfahrt sah sich Bob im Fernsehen die Wettervorhersage an, um etwas über die Verhältnisse am Raton-Paß bei Trinidad zu erfahren, wo die Temperaturen bis auf den Gefrierpunkt sinken konnten. Die anderen Tiere im Anhänger hielten Amy zwar warm, doch dann gerieten sie südlich von Raton in zweieinhalbtausend Metern Höhe in einen Schneesturm, der Bob um Amys willen angst machte. Er hüllte sie in Decken und fuhr mit hoher Geschwindigkeit durch das Schneetreiben, bis sie Albuquerque erreichten, wo sie die Interstate 40 nach Westen nahmen.

Daß der Anhänger mit seiner merkwürdigen Fracht die Neugier anderer Verkehrsteilnehmer wecken würde, hätten die Norris' sich eigentlich denken können. Trotzdem überraschte sie die CB-Funk-Meldung eines hinter ihnen fahrenden Truckers: »Was haben Sie denn da in Ihrem Anhänger?«

»Pferde«, antwortete Bob.

»Komisches Pferd, was Sie da haben, Cowboy.«

»Wieso?«

»Da hängt ein Rüssel an der Seite raus.«

»Ach, das – das ist mein Elefant.«

Nicht lange, und sie hatten einen ganzen Konvoi von Sattelschleppern hinter sich, deren Fahrer beim Überholen einen Blick auf Amy werfen wollten, die ihre Fanfarensignale mit einem Trompeten beantwortete.

Anfangs konnte Bob noch dafür sorgen, daß Amy an der Grenze zu Arizona unbemerkt blieb. Auf den ersten Fahrten von Colorado nach Arizona blieb er am Anhänger stehen, während T. J., der sie begleitet hatte, um Bob mit den Tieren zu helfen, in das Gebäude der Tier- und

Landwirtschaftskontrolle ging. Der Inspektor fragte ihn, was für Tiere sie transportierten. T. J. sah aus dem Fenster. Der Anhänger stand voll im Blickfeld, und Bob fütterte Amy mit Karotten, damit sie nicht den Rüssel durch die Ritzen schob.

»Pferde oder Rinder?«

»Rinder«, antwortete T. J.

Der Inspektor sah auf das Formular. T. J. stöhnte leise. Amys Rüssel schaute nun doch aus dem Anhänger hervor.

»Wieso liegt Ihr Anhänger so tief?« fragte der Inspektor.

T. J. strich sich den Schnurrbart. Der Anhänger neigte sich unter Amys Gewicht bald auf die eine, bald auf die andere Seite. »Das sind die Rinder«, sagte er. »Die gehen immer alle auf einmal von einer Seite auf die andere.«

»Okay, und gute Reise.«

»Mach das nie wieder«, sagte T. J. draußen zu Bob.

Bob lächelte. »Das mußt du Amy sagen.«

Sie konnte nichts für ihre Größe. Sie war jetzt fast sechs Jahre alt, wog gute zwanzig Zentner und war in der Mitte ihres Rückens einen Meter sechzig hoch. Da Elefanten ihr Leben lang wachsen, würde sie noch um einiges größer und schwerer werden.

Bob wollte nicht wahrhaben, wie unaufhaltsam Amy wuchs. Und auch der Anhänger begann zum Problem zu werden. Die Pferde fuhren auf den Reisen von Colorado nach Arizona zwar bald nicht mehr darin mit, doch jetzt – Amy war inzwischen fast sieben – fing der Transporter während der Fahrt an zu schwanken, und die Anhängerkupplung wurde zu stark belastet. Bob mußte das Steuer fest umklammern, um den Pickup in der Spur zu halten.

»Wenn sie sich bewegt, gerät der verdammte Wagen manchmal fast ins Schleudern«, sagte er besorgt zu T. J., der meist mit einem Auto hinter ihnen herfuhr.

»Ich kann zwar gegenlenken, und an das Schwanken gewöhnt man sich, aber ein komisches Gefühl ist es schon, wenn man weiß, daß man nicht scharf bremsen darf, weil Amy sonst gegen die Wand fliegt. Man muß ständig vorausschauen und auf alles gefaßt sein.«

T. J. nickte, aber er hatte seine Zweifel, ob Bob wirklich in der Lage war vorauszuschauen, wenn es um Amy ging. Was sie betraf, war er vor Liebe blind.

An der Grenze zu Arizona konnte man sie inzwischen unmöglich mehr verstecken. Nach einem Blick in die Papiere sagte einer der Inspektoren zu Bob: »Sie geben an, daß Sie zwei Pferde dabeihaben. Wieso brauchen Sie da zwei Anhänger?«

»Wir brauchen einen Extrahänger für das Vieh.«

Der Inspektor schaute aus dem Fenster. Amys Rüssel schwang aus dem Anhänger, und ihr Kopf polterte gegen die Decke. Auch der Dümmste mußte begreifen, daß sie weder ein Pferd noch eine Kuh war.

»Was zum Teufel ist das?« fragte der Inspektor .

»Was?«

Er zeigte aus dem Fenster. »Das da!«

»Eine Kuh.«

Der Inspektor sah Bob durchdringend an.

»Ein Pferd.«

»Ein Pferd mit einem gottverdammten Rüssel?«

Bob grinste. »Es gibt ja alle möglichen Rassen.«

»Also, egal, was Sie da drin haben – schaffen Sie's weg, sonst muß ich es beschlagnahmen.«

Jane schwieg zu alldem, bis sie es nicht mehr aushielt. »Was sollen wir machen, Bob?« fragte sie. »Siehst du das Problem denn nicht?«

»Wovon redest du?« Aber Bob wußte, was sie meinte. »Irgendwas wird sich schon ergeben«, sagte er.

»Was ihre Größe anbelangt, da wird sich gar nichts ergeben. Sie ist ein Elefant, Bob.«

Ja, gewiß, aber sie war auch seine Freundin.

»Können wir sie nicht auf der Ranch lassen?« bohrte Jane weiter.

»Und wer soll sich dort um sie kümmern? Wer übernimmt die Verantwortung für sie? Sie ist ein Elefant und keine Kuh.«

Nach längerem Schweigen hielt Bob am Straßenrand an. Er stieg aus und ging zu Amy in den Anhänger, wo er sich mit dem Rücken an der Wand hinsetzte und mit ihr redete. Er war traurig und versuchte gar nicht erst, Fröhlichkeit vorzutäuschen. Der Abschied rückte unaufhaltsam näher, fast wie damals, als seine Kinder aus dem Haus gegangen waren. Auch Amy wurde erwachsen. Er mußte eine Entscheidung für sie treffen; seine Gefühle kamen an zweiter Stelle.

Das Leben in Arizona spiegelte in kleinerem Maßstab wider, was Bob und Jane sich in Colorado aufgebaut hatten. Sie besaßen ein schönes Haus in einer ruhigen

Wohngegend von Phoenix, und außerhalb der Stadt betrieb Bob in der Nähe von einem der vielen Kanäle, die die Stadt durchziehen, eine kleine Ranch.

Da Bob immer da war, gewöhnte Amy sich schnell ein. Ihre Box und ihr Auslauf hatten in etwa die gleiche Form und Größe wie in Colorado, sie bekam das gleiche Futter und hatte Michelle und die Hunde um sich. Das Beste war, daß Bob hier den ganzen Tag mit ihr verbringen konnte. Sie spazierten an der Umzäunung der Ranch entlang oder gingen zum Kanal und blickten übers Wasser. Es war heiß, und der Himmel war schwefelgelb. Graue Kaninchen und manchmal auch ein Gürteltier kamen aus der Wüste auf das Gelände. Die Nächte waren kühl, und die Sterne leuchteten hell.

Doch kein Ort auf der Welt wuchs schneller als das Phoenix der neunziger Jahre. Es war wie überall im Westen der USA. Bob konnte sehen und sogar riechen und hören, wie sich das leere Land mit Gebäuden, mit Menschen, Lärm und Verkehr füllte und die Umweltverschmutzung zunahm. Neue Wohnsiedlungen rückten so nahe an die Ranch heran, daß Bob seinen Nachbarn hätte zuwinken können. Die Ranch wurde im Norden von einem Kanal und im Süden von einer Straße begrenzt, die einst so leer gewesen war, daß die Kaninchen in Ruhe darüberhoppeln konnten. Jetzt brandete dort der Verkehr.

Eines Abends saß Bob bei einer Dinnerparty in Phoenix neben einer Frau aus St. Louis. Er holte seine Brieftasche hervor, zeigte ihr Fotos von Amy und erzählte ihr, wie Amy zu ihm gekommen war. Er schwärmte von seinem Leben mit ihr und erwähnte nebenbei, daß er sich seit einiger Zeit Sorgen wegen ihrer Größe mache.

»Ich könnte sie im Zoo von St. Louis unterbringen«, sagte die Frau. Als Mitglied des Verwaltungsrates koste sie das nicht mehr als einen Anruf.

»Nein«, sagte Bob und bedankte sich höflich, doch bevor er nach Hause ging, sprach er sie noch einmal an und sagte: »Vielleicht melde ich mich doch irgendwann bei Ihnen.« Sie tauschten ihre Visitenkarten aus.

Auf der Heimfahrt grübelte er über seine Worte nach. Er kam sich vor, als hätte er Amy verraten.

»Was hast du, Bob?« fragte ihn Jane.

»Nichts«, sagte er, aber es war gelogen. Denn seit diesem Abend ging eine allmähliche, kaum wahrnehmbare Veränderung in Bob vor. Es war ein schrittweiser Rückzug, ein leises Vermeiden, ein emotionales Abstandnehmen. Wieder einmal blieb er zurück – er, der Marlboro-Mann und lebenslange Cowboy, der ewig jung hätte bleiben wollen. Er mußte endlich loslassen. Aus heiterem Himmel sagte er Dinge zu Amy wie: »Du würdest mir so fehlen ...« oder »Wer würde dir deine Zimtschnecken besorgen?«

Amy hatte Bob gegeben, was er von ihr gewollt hatte, sie hatte gelernt, sich hinzulegen, ihren Rüssel hochzurollen, Mundharmonika zu spielen und sogar die Tasten eines Keyboards anzuschlagen. Sie hatte ihm bei der Arbeit geholfen und ihn auf der Ranch überallhin begleitet. Sie war seine Freundin, und Bob war ihre »Leitkuh«. Ihre Welt drehte sich ausschließlich um ihn und die Ranch, die Fahrten von Colorado nach Arizona und die Wüstenranch in Phoenix.

Doch nichts und niemand konnte sie zu einem kleineren, kompakteren Tier machen. Sie war endgültig zu groß geworden. Sie mußte fort, und er mußte sie ziehen lassen. Er hatte es gewußt, aber er hatte abgewartet, hinausgeschoben, sich etwas vorgemacht.

Außergewöhnliche Umstände hatten Amy und ihn zusammengeführt, außergewöhnliche Umstände sollten sie nun wieder trennen.

Amy war intelligent und hatte eine ausgeprägte Persönlichkeit. Sie hatte eine Ausbildung erhalten. Sie brauchte mehr, als Bob ihr geben konnte.

Eines Tages nahm er wie ein Schneider bei ihr Maß, vom Rüssel bis zum Schwanz, von den Füßen bis zur Stirn und um ihren Bauch herum. Er maß ein zweites Mal, beugte sich über sie, ging um sie herum und gebückt unter ihr durch und schrieb die Maße auf ein Blatt Papier. Dann setzte er sich an seinen Schreibtisch und entwarf einen Transporter für sie, mit Plexiglaskuppel zum Hinausschauen, mit Heizung und Lüftung, einer Heuraufe und Abteilungen für Michelle und Butch. Als er fertig war, fragte er einen auf Sonderanfertigungen spezialisierten Automechaniker, ob die Sache machbar sei.

Der Mann sah sich die Zeichnungen an. »Bauen kann ich so etwas schon«, sagte er dann. »Die Frage ist nur, ob es für den Straßenverkehr zugelassen wird.«

»Zirkusse transportieren ihre Elefanten doch auch irgendwie.«

»Ja, aber in Eisenbahnwaggons oder Sattelschleppern, nicht in Anhängern hinter einem Pickup, Bob.«

Der Mann vom Landwirtschaftsministerium kam wieder, in grünem Overall und Gummistiefeln wie beim ersten Mal und mit demselben Klemmbrett in der Hand.

Mit Bobs Erlaubnis sah er sich um. Weit mehr als für Amys Maße interessierte er sich für die ihrer Behausung. Die Bestimmungen hätten sich geändert, sagte er, das Ministerium stelle jetzt strengere Anforderungen an die Besitzer von Elefanten.

Den ganzen Tag war er mit seinen Messungen beschäftigt. »Sie ist zu groß für die Box«, sagte er schließlich zu Bob. »Sie müssen entweder eine Wand herausbrechen oder eine neue Box bauen.« Er schwieg einen Moment. »Mit der Decke gibt es auch ein Problem«, fuhr er dann fort. »Ihr Elefant reicht mit dem Rüssel an die elektrischen Leitungen. Die müssen entweder anders verlegt werden, oder Sie müssen das Dach höher setzen.« Er hatte eine ganze Liste zwingend vorgeschriebener Veränderungen aufgestellt. Bob erhob keinen Einspruch. Der Inspektor klemmte sich das Brett unter den Arm und wandte sich zum Gehen. »Ich komme wieder«, versprach er.

Bob sah ihm nach, und sein Herz krampfte sich zusammen bei dem Gedanken an ein Leben ohne Amy. Doch wenn er sie wirklich liebte, mußte er tun, was das Beste für sie war. Aber man konnte Amy nicht irgend jemandem überlassen. Sie akzeptierte nur Bob als ihren Pfleger und Freund. Den Ranchhelfern, die auf sie aufpaßten, wenn Bob wegmußte, gehorchte sie nicht. Nicht einmal für ein Wochenende konnten die Norris' ihre Ranch verlassen, und Jane war es allmählich leid.

Nach all den Jahren elterlicher Pflichten hätten sie das Leben jetzt zusammen genießen können, doch Amy machte sie praktisch zu Gefangenen. Jane sah die Sache inzwischen sehr realistisch: »Bob verhält sich wie ein Alkoholiker, wenn es um Amy geht. Er weiß, wie angebunden wir durch sie sind, er weiß, daß sie weg muß, weil sie zu groß geworden ist. Er sagt zwar, er muß der Realität ins Auge sehen und etwas unternehmen, aber er unternimmt nichts. Es ist, als hätte man ein Baby, das nicht älter wird. Bob muß sich ständig um Amy kümmern, für andere Dinge bleibt keine Zeit.«

Es klang fast wie ein Ultimatum.

Eines Nachmittags, als Bob Amy in ihrer Box fütterte, bat er seinen ältesten Sohn Bobby, der gerade zu Besuch war, ihm zu helfen.

»Komm rein«, sagte er, »keine Angst.«

Bobby setzte sich rittlings auf Amys Futtertrog. Amy kam heran und schob ihn mit der Stirn gegen die Wand.

»Dad, sie drückt mich an die Wand!«

»Fest?«

»Ja, jetzt schon.«

»Nein, Amy, nein!« sagte Bob.

Im Stillen fragte er sich, was passiert wäre, wenn er nicht zur Stelle gewesen wäre und Amy Einhalt geboten hätte.

Alles wurde noch schlimmer, als Jane eines Abends im Fernsehen eine Sensationsshow sah, in der ein Amateurvideo aus dem Zoo von San Diego gezeigt wurde. Ein Wärter schlug einen Elefanten namens Cindy mit einem Stock. Plötzlich riß Cindy ihm den Stock aus der Hand und stieß ein wütendes Trompeten aus, packte den Mann, schleuderte ihn in hohem Bogen durch die Luft und ging dann mit den Stoßzähnen auf ihn los.

Jane sah starr vor Entsetzen zu und fragte sich unwillkürlich, ob auch Amy zu einer solchen Attacke fähig wäre. Das Video hinterließ eine Beunruhigung in ihr, die, anders als früher, nicht wieder weichen wollte. Bob spielte den Fall herunter: »Ich vertraue Amy. So etwas würde sie nie tun.«

»Ach, Bob . . . Du willst sie einfach nicht so sehen, wie sie wirklich ist. Du liebst sie, und du hast keine Angst vor ihr. Aber wie lange kann das noch so gehen?« Der Zoowärter hatte mit seinem Elefanten genauso gearbeitet wie Bob mit Amy. »Du arbeitest in ihrer Nähe, du bückst dich und hebst Sachen auf, die sie fallenläßt. Du achtest nicht darauf, was sie tut. Das ist gefährlich.«

Bob erinnerte sich, was sein Vater damals gesagt hatte, als Lulu, sein Bär, auf der Ranch untragbar geworden war. »Was ist, wenn das Tier jemanden verletzt?« Ja, was war, wenn Amy jemanden verletzte? Schweren Herzens hatte Bob sich von Lulu trennen müssen.

Auch die juristische Seite machte seiner Frau Sorgen. Wenn jemand durch Amy zu Schaden kam und Bob verklagte, konnten sie alles verlieren. »Denk doch mal nach«, sagte sie zu Bob. »Alles, wofür wir gearbeitet haben, könnten wir auf einen Schlag verlieren. Was waren dann all die Jahre wert?«

KAPITEL SIEBEN

Elefantenleute

Es war der richtige Zeitpunkt, darüber war sich auch Bob im klaren. Irgendwann würde sich etwas ändern müssen. Warum also nicht jetzt?

Für einen Elefanten ist sie noch jung, dachte Bob. Sie wird mich überleben, soviel steht fest. Was wird aus ihr, wenn mir etwas passiert? Wer wird die Entscheidungen für sie treffen? Amy ist jung genug, um sich an eine andere Umgebung zu gewöhnen. Sie hat sich von dem Trauma in Afrika erholt, sie ist in guter Verfassung, sie hat Disziplin. Sie ist voller Lebensfreude.

T. J. kam die Stallgasse entlang. Bob hielt ihn auf und fragte ihn, wo sie Amy seiner Meinung nach unterbringen sollten. Sie könnten sie ja jederzeit zurückholen, fügte er schnell hinzu, sofern er sich überhaupt für irgend etwas entscheide.

»Wo könnte es ihr gefallen, was meinst du? Mit was für Leuten würde sie sich am wohlsten fühlen?«

»Amy hat Köpfchen.« T. J. überlegte. »Vielleicht sollte man sie in den Dschungel zurückbringen?«

»Dazu ist sie zu sehr domestiziert«, erwiderte Bob. »Außerdem werden Elefanten dort erschossen. Soll ich sie dahin schicken, wo sie getötet wird? Wo sie schon einmal fast getötet worden wäre?«

»Wie wär's mit einem Zoo?«

Bob dachte an sein Gespräch mit der Frau aus St. Louis. »Das wäre zu überlegen«, meinte er zögernd.

»Und ein Zirkus?«

»Da wäre sie beschäftigt und würde sich nicht langweilen.«

»Und?«

Bob seufzte. »Ich weiß es einfach nicht. Ich kann einfach nichts entscheiden, solange ich nicht mehr über die Alternativen weiß.«

Bob fühlte sich kläglich uninformiert und wollte alle Möglichkeiten erkunden, um die richtige Wahl für Amy zu treffen. Er las, daß in den USA 625 Elefanten leben, davon 349 in hundert Zoos und Safari-Parks. Bob hatte Bedenken gegen Zoos, aber sie schienen einiges zu leisten. Er las die Bücher der angesehenen britischen Zoologin Sylvia Sykes, vor allem *The Natural History of the African Elephant*, wo Sykes schreibt, daß Elefanten in Gefangenschaft »auf konsequentes Training mit Intelligenz, Gehorsam und sichtlicher Freude reagieren«. Zirkuselefanten seien psychisch und physisch gesünder als Elefanten in Zoos: »Bis zu einem gewissen Grad kann die Zirkusarbeit im Winter den Wandertrieb gefangener Elefanten befriedigen oder sogar ausschalten.«

Bob ging in den Zoo von Phoenix, und was er dort

sah, interessierte ihn. Einer der beiden Elefanten, ein indischer namens Talia, »zeichnete« mit Kreide Bilder. Talia war eine lokale Berühmtheit, besonders unter Kindern. Bob glaubte, das Richtige gefunden zu haben, und schöpfte Hoffnung. In diesem Zoo würde Amy Tag und Nacht von professionellen Wärtern betreut werden. Und das Beste daran: Den Winter über würde er nicht mehr als fünfzehn Meilen von ihr entfernt sein. Sie würde Auslauf haben, auch wenn sie nicht frei umherwandern durfte wie auf der Ranch, und sie konnte die Kinder, die den Zoo besuchten, mit ihren Kunststücken unterhalten. An Anregung würde es ihr so nicht fehlen. Bob schrieb dem Zoodirektor und bot ihm Amy als Geschenk an, unter dem Vorbehalt, daß er jede Woche mehrere Vorstellungen mit ihr geben dürfe.

»Wir sind ein Zoo und kein Zirkus«, schrieb der Direktor zurück.

Bob rief ihn an, um seinen Fall persönlich zu vertreten. »Und der Elefant, der die Bilder malt?« fragte er. »Ist das keine Show?«

»Das ist etwas anderes.«

»Inwiefern?«

»Talia macht das gern.«

»Amy macht ihre Kunststücke auch gern.«

»Tut mir leid, aber das ist nicht das Richtige für uns.«

Aber Bob gab den Gedanken an einen Zoo nicht auf. Er tat die Enttäuschung als ein Mißverständnis ab und flog einige Wochen später nach San Diego, um den berühmten Zoo dort zu besuchen. Er aß mit einem der

Zoodirektoren zu Abend und stellte ihm alle wichtigen Fragen. Was Bob an Zoos im allgemeinen am meisten störte, war der Umstand, daß viele Tiere dort nur herumstanden und sich offensichtlich langweilten. Bei jedem seiner weiteren Besuche im Zoo von San Diego, egal zu welcher Jahreszeit, wirkten die Elefanten gleichermaßen gelangweilt, und damit war die Frage schließlich entschieden. Er schuldete Amy zumindest die Möglichkeit, ihr Gehirn zu benutzen. Sie hatte eine Ausbildung erhalten. Er hatte ihr Disziplin und bis zu einem gewissen Grad auch Verantwortung beigebracht. Das alles brachliegen zu lassen, wäre einer Grausamkeit gleichgekommen. Er sah sich noch eine ganze Reihe von Zoos an, einen nach dem anderen. Zurechtgestutzt sind diese Tiere, dachte er, wenn er die Elefanten sah. Amy ist doch kein Zierstrauch.

Mehr als jedem anderen vertraute Bob Army Maguire, wenn es um Elefanten ging. Maguire verstand etwas von Elefanten, und er kannte Amy. Bob rief ihn an und schilderte ihm das Problem. Maguire war nicht überrascht. Er hatte damals sofort erkannt, daß Bob nicht auf Amys Zukunft vorbereitet war. Er selbst hatte natürlich gewußt, wie sehr Amy noch wachsen, wie ihre Welt schrumpfen würde, so lange, bis etwas geschehen mußte.

»Was für Möglichkeiten habe ich auf der Ranch?« fragte Bob ihn.

»Wenn Sie mich fragen: keine«, antwortete Maguire, ohne zu zögern.

Bob lachte nervös. »Das ist ja sehr hilfreich.«

»Sie müssen eine Entscheidung treffen. Amy ist zu groß für Sie geworden, und sie wird jeden Tag größer, nicht wahr?«

»Ja.«

»Und Sie möchten, daß sie es dort, wo sie hinkommt, genauso gut hat wie bei Ihnen.«

»Stimmt.«

»Sie wollen das Beste vom Besten für sie. Sie wollen die Leute kennenlernen, die sich um sie kümmern werden.«

»Nach Möglichkeit, ja«, sagte Bob. »Ich würde sie nie zu jemandem geben, den ich überhaupt nicht kenne. Deswegen rufe ich an, Army.«

»Ein Zoo kommt nicht in Frage?«

»Nein, da würde sie sich langweilen.«

»Was bleibt dann übrig?«

»Sagen Sie's mir.«

Maguire überlegte einen Augenblick. »Was übrigbleibt, ist folgendes«, sagte er dann. »Ich habe zwei Freunde, die sich mit Elefanten besser auskennen als irgend jemand sonst. Wenn sie Interesse haben, Amy zu übernehmen, würden sie ihr ein Zuhause geben, das Sie akzeptieren könnten. Die beiden sind phantastisch. Richtige Elefantenleute.«

»Und wie gehen wir's an?«

»Ich sag ihnen, sie sollen Sie anrufen.«

Die Zeit verging, und Bob hatte das Gespräch mit Maguire schon fast vergessen, als er eines Tages einen Anruf von einer Frau namens Barbara Woodcock bekam. Maguire habe ihr seine Telefonnummer gegeben, sagte die freundliche Stimme. Sie kam sofort zur Sache: »Ich weiß, was Sie durchmachen.«

»Wirklich?«

»Oh, ja. Mein Mann und ich, wir sind seit neunund-dreißig Jahren verheiratet und haben noch kein einzi-ges Mal Urlaub gemacht.« Es klang, als würde ihr das nicht das geringste ausmachen.

»Ja, das gehört wohl dazu«, sagte Bob.

»Man stellt sein ganzes Leben auf sie ein. Man muß einfach. Ist es nicht so?«

»Doch, allerdings. Das hab ich vorher nicht gewußt.«

»Das weiß keiner. Elefanten verderben einen für die Menschen. Ist es nicht so?«

»Doch, ja ...«

»Aber uns macht das nichts aus, meinem Mann Buck-les und mir. Elefanten sind für uns wie Menschen.«

»Würden Sie sie – Amy, meine ich – denn gern einmal kennenlernen?«

Ein unbehagliches Schweigen trat ein. Dann sagte sie: »Ich kann Ihnen da keine Antwort geben.«

»Aber Sie rufen doch wegen Amy an?«

»Army Maguire hat uns darum gebeten. Es ist nur ... Für afrikanische Elefanten haben wir, ehrlich ge-sagt, nicht allzuviel übrig. Army sagt, sie ist Afrika-nerin.«

»Daran kann weder sie noch ich etwas ändern.«

»Sie ist ein sehr schönes Tier, sagt Army. Und sie hät-ten eine wunderbare Beziehung zu ihr.«

»Ja, das stimmt. Ich liebe sie.«

»Army meint, sie ist etwas ganz Besonderes. Vielleicht sollten wir sie uns doch mal ansehen.« Sie senkte die Stimme. »Aber meinen Mann so weit zu kriegen, das wird ein hartes Stück Arbeit. Von Afrikanern will er nichts wissen. Das war schon bei seinem Vater so. Der hat immer gesagt, sie hätten ihr ganzes Gehirn in den Ohren. Er konnte sie nicht leiden.«

»Ihr Mann wird Amy mögen«, sagte Bob. »Jede Wette.«

Ein wenig verwirrt rief Bob Maguire an und sagte ihm, daß er nach dem Gespräch mit Barbara Woodcock nicht recht wisse, ob sie Amy nun nehmen wollten oder nicht. »Wer ist eigentlich ihr Mann?« fragte er. »Buckles – was ist das für ein Name?«

»Das ist sein Zirkusname. Der größte Elefantenkenner, den es in den Staaten gibt. Wenn Sie und Amy mit ihm zusammenkommen, dann ist das, wie wenn man den Deckel auf eine Whiskyflasche schraubt. Es paßt.«

»Ja, vielleicht.«

»Vielleicht was, Mr. Norris?«

»Ach, nichts. Ich bin interessiert, aber ich will mich noch nicht festlegen. Die Woodcocks sind Freunde von Ihnen, und ich weiß Ihren Rat zu schätzen, Army, aber für mich sind sie Fremde, und ich hab Ihnen ja gesagt, ich gebe Amy niemandem, den ich nicht kenne.«

»Was möchten Sie denn wissen?«

»Eine Menge. Sorgen Sie dafür, daß es keine Fremden mehr für mich sind, dann werden wir weitersehen.«

KAPITEL ACHT

Big Apple Circus

Zu dem Spitznamen »Buckles« war William Woodcock als kleiner Junge gekommen, als er einmal von zu Hause weggelaufen war und sein Vater, ein berühmter Elefantendompteur, ihn wieder eingefangen und mit aneinandergeschnallten Gürteln in dem Zirkus, in dem er arbeitete, an einer Zeltstange festgebunden hatte.

Buckles hatte das Zirkusleben seines Vaters gehaßt. Auch für Elefanten hatte er nichts übrig. Als er mit sechs zum erstenmal eine Vorstellung besuchte, machten die Dickhäuter keinerlei Eindruck auf ihn. Er brachte nur Erinnerungen an den Clown mit nach Hause, der sich Billardkugeln und dazu noch eine lebende weiße Maus in den Mund gesteckt hatte, die zwischen seinen Lippen hervorspitzte.

Später war Buckles dann doch noch beim Zirkus gelandet. Er arbeitete für seinen Vater, denn während der Weltwirtschaftskrise waren Jobs rar, und man mußte nehmen, was man bekam. Seine Grenzen als Trainer wurden ihm jedoch bald bewußt. Immer wieder stießen ihn die Elefanten um und rollten ihn über den Boden. Einmal trat ihm dabei einer auf die Brust, und er wurde auf dem schnellsten Weg ins Krankenhaus gebracht: »Ich hab ein bißchen Schmerzen«, sagte er zum Arzt.

»Was haben Sie denn gemacht?«

»Ein Elefant ist auf mich draufgetreten.«

Buckles' Frau Barbara stammte ebenfalls aus einer Zirkusfamilie und hatte schon früh den Wunsch gehabt, mit Elefanten zu arbeiten. Sie verliebte sich in einen Elefantentrainer namens Rex. Mit dreizehn verlobte sie sich mit ihm, mit vierzehn heirateten die beiden, und mit sechzehn wurde Barbara Mutter. Bald entpuppte sich Rex jedoch als Windbeutel. Eines Abends sollte er beim Bäcker ein paar Häuser weiter Brot holen. Das Abendessen stand bereits auf dem Tisch. Erst drei Tage später kam er wieder nach Hause. Nach elf stürmischen Ehejahren hatte Rex schließlich alle Ausreden aufgebraucht, und Barbara ließ sich von ihm scheiden. Nachdem ihr Leben mit einem Elefantentrainer gescheitert war, wollte sie nun endlich selbst Elefanten trainieren.

Barbara war zu jener Zeit eine Schönheit mit langem rotem Haar und einer sportlichen Figur. Zu ihrer natürlichen artistischen Begabung gesellte sich ein starker Wille. Sie hatte Bewunderer von Havana bis New York, und einer von ihnen war Buckles. Er war groß, dunkel und glutäugig und trug bunte Seidenturbane und Uniformjacken mit Messingknöpfen und goldenen Epauletten. Sie selbst war klein und wirkte in ihren hauchdünnen Schleiern und dem paillettenbesetzten Trikot leicht wie eine Feder.

Sie heirateten 1959 und gründeten nach einem Zirkusengagement ein eigenes kleines Unternehmen mit zwei Elefanten namens Anna May und Lydia, auf denen sie für einen Vierteldollar Kinder reiten ließen. Nur mühsam bekamen sie das Geld für das Futter zusammen, und sie selbst hatten einmal drei Tage lang nichts weiter zu essen als einen halben Laib Brot.

Schließlich aber wurden sie mit einer Elefantennummer in der Zirkuswelt bekannt, und ein Veranstalter schloß einen Vertrag mit ihnen, brannte allerdings später mit ihrem Geld durch. 1965 lud der berühmte Ed Sullivan sie in seine Show ein, und diesem ersten Auftritt folgten im Laufe der Zeit noch vier weitere.

Buckles hatte sich unterdessen einen Namen als Elefantentrainer gemacht und Ringlings berühmte Elefantenzucht und -forschungsfarm in Florida gegründet. Er kannte die Vorlieben, Stimmungen und Emotionen asiatischer Elefanten, und er glaubte auch zu wissen, was in ihrem Kopf vorging. Afrikanische Elefanten dagegen waren ihm vollkommen fremd. Das wenige, was er über sie wußte, war von Vorurteilen gefärbt, die er übernommen hatte, ohne je selbst einen afrikanischen Elefanten gesehen, geschweige denn mit einem gearbeitet zu haben.

Buckles' Lieblingselefant war die alte Asiatin Anna May. Sie war sanft und zugänglich, eine liebe, fürsorgliche Leitkuh. Ihre Karriere im Showbusiness hatte sie gleichzeitig mit den Woodcocks begonnen. Barbara hegte sogar noch stärkere Gefühle für sie als für Buckles. In ihren Augen war sie eine Heldin. Einmal war mitten in einer Vorstellung in Houston der Bühnenboden unter Anna Mays Gewicht eingebrochen, und beide waren gestürzt. Barbara war mit dem Kopf gegen einen Sockel geprallt, doch Anna May hatte verhindert, daß sie in die Tiefe fiel und ihr damit wahrscheinlich das Leben gerettet. Trotz einer stark blutenden Wunde am Bein blieb sie ruhig, trug Barbara zu Buckles und legte sie in seine Arme.

Als Barbara nach einigen Tagen mit verbundenem Kopf aus dem Krankenhaus kam, ging sie als erstes zu Anna May. Die anderen Elefanten bettelten um Süßigkeiten, Anna May aber streckte den Rüssel aus, berührte zart den Verband und stieß, wie Barbara versichert, einen tiefen, erleichterten Seufzer aus.

Als klassischer Einmanegenzirkus war der Big Apple der ideale Ort für die Elefantennummer der Woodcocks. Er genoß einen hervorragenden Ruf, denn die Tiere wurden dort respektiert und in ansprechend einfacher Form präsentiert. Auch ohne Verrenkungen, ausgefallene Kostümierung und raffinierte Kunststücke brachten die Elefanten die Kinder zum Lachen.

Einmal am Tag, an Matineetagen auch zweimal, gab Buckles mit seinen drei Elefanten im Big-Apple-Zirkuszelt eine Vorstellung. Die Größe der Tiere rief im Publikum oft ehrfürchtiges Staunen hervor. Die Elefanten bewegten sich auf leisen Sohlen, und man hörte nur das Wispern ihres Atems, wenn die massigen Gestalten schnell und anmutig die Manege durchqueren. Unter den bunten Lichtern wirkten sie fast schwerelos und verwandelten sich vor den Augen der Kinder in magische Traumwesen.

Eines Nachmittags, als Buckles sich im Führerhaus seines Sattelschleppers neben dem Elefantengehege im New Yorker Lincoln Center ausruhte, rief sein Freund und früherer Schützling Army Maguire an, der ihn wie seine vielen anderen Freunde stets über die neuesten Nachrichten aus der Elefantenwelt auf dem laufenden hielt. Sie telefonierten oft miteinander. Jeder schätzte die Fähigkeiten des anderen als Trainer und seine Art, mit den Elefanten umzugehen.

Er rufe wegen eines Freundes an, der sich in einer Notlage befinde, sagte Maguire. »Er hat einen afrikanischen Elefanten, der allmählich zu groß für ihn wird. Er hat sich schon eine ganze Reihe von Zoos angesehen.«

»Du lieber Himmel«, sagte Buckles, »ein abgerichteter Elefant langweilt sich in einem Zoo doch zu Tode.«

»Ich hab ihm von dir und Barbara erzählt und ihm gesagt, daß Amy – so heißt das Tier – es bei euch gut haben würde. Daß ihr sie körperlich und geistig auf Trab halten würdet.«

»Moment mal, Army, nicht so schnell. Einen afrikanischen Elefanten zu übernehmen das ist wie Heiraten, wenn du verstehst, was ich meine.«

»Wieso?«

»Sie tun mehr, als man will, und man kriegt weniger von ihnen, als man gern hätte.«

»Tatsächlich?«

»Und ich bin schon verheiratet.«

»Hör mal«, sagte Maguire, »Amy ist etwas ganz Besonderes. Nicht wegen ihrer Kunststücke und nicht wegen ihrer Intelligenz oder Schönheit. Sie ist etwas Besonderes wegen ihrer Persönlichkeit.«

»Aber sie ist Afrikanerin!«

»Sie hat ein gutes Zuhause verdient. Bitte überlegt's euch, du und Barbara.«

Der Zufall wollte es, daß Buckles sich zu diesem Zeitpunkt mit dem Gedanken an eine Umstellung trug, durch die in seiner Truppe Platz für ein neues Tier entstehen würde. Einer seiner Elefanten, eine Asiatin namens Peggy, sah Gespenster und machte Buckles angst wie kein Elefant je zuvor. Man konnte sie nicht aus den Augen lassen. Sie war gefährlich und unberechenbar, mitunter sogar gewalttätig. Gegen manche Leute faßte sie auf den ersten Blick eine Abneigung, und schon mehrmals hatte sie mit dem Rüssel zugeschlagen. Buckles wußte nie, was in ihr vorging und was sie als nächstes tun würde. Sie konnte jederzeit außer Kontrolle geraten. Es war an der Zeit, Peggy in ein Asyl für afrikanische Elefanten zu bringen, das Buckles in Tennessee kannte.

Die Show konnte natürlich ohne sie stattfinden. Besser war es jedoch, ihren Platz wieder zu besetzen.

»Ich sag Barbara, sie soll Bob anrufen«, sagte Buckles zu Maguire, der ihm Bobs Telefonnummer gegeben hatte. »Das heißt aber noch nicht, daß wir Amy nehmen. Erst mal hören, was er sagt.«

Maguire hatte Bob alles erzählt, was er über Buckles und Barbara wußte. Er war überzeugt, Bob verfüge nun über genug Information, um die richtige Entscheidung treffen zu können. »Meinen Sie nicht auch, daß Amy es dort gut haben würde?« fragte er ihn.

»Schon möglich.«

»Was wollen Sie noch mehr? Buckles und Barbara sind die besten Elefantenwärter der Welt, Sie ausgenommen. Etwas Besseres finden Sie nicht. Buckles ist Ihr Mann, glauben Sie mir.«

»Und Amy würde dort eine Sonderbehandlung bekommen?«

»Ja.«

»Das hört sich ja ganz gut an.«

Bob konnte kaum glauben, daß er diese Worte ausgesprochen hatte. Er war im Begriff, Amy für immer wegzugeben. Wenn es Schwierigkeiten gibt, kann ich Amy ja jederzeit zurückholen, dachte er.

Das Telefongespräch fiel ihm nicht schwer. Er war jetzt überzeugt, das Richtige zu tun, für Amy, für Jane und für sich selbst. Maguire hatte ihm gesagt, er müsse für Amy vorausdenken. Afrikanische Elefanten hätten die Lebenserwartung eines Menschen, ihre Entwicklung verlaufe fast parallel zu unserer. Auch sie machten gute und schlechte Zeiten durch, in Gefangenschaft wie in freier Wildbahn.

Nach allem, was Bob von Army erfahren hatte, hätte es ihm ein Leichtes sein müssen, sich für Buckles zu entscheiden. Aber so einfach war es nicht für ihn. Und der Abschied von Amy würde am schwersten werden.

KAPITEL NEUN

Der Abschied

Bob sah zum Himmel auf, und bei dem Gedanken an das, was er gleich würde tun müssen, traten ihm Tränen in die Augen. Er stand auf halbem Wege zwischen seinem Pickup und dem Pferdestall, bereit, Amy aus ihrer Box zu holen, bereit, einzusteigen und loszufahren. Hätte ich nur nicht zugelassen, dachte er, daß sie mir so ans Herz wächst.

Er hatte sich in seinem Leben von Pferden, Hunden und dem Bären Lulu trennen müssen. Er hatte um seinen Großvater Angell, seine Eltern und seine Brüder geweint. Doch kein Abschied schien ihm schmerzhafter als dieser. Sein Blick wanderte über das Vorgebirge zu den Gipfeln der Rocky Mountains, und er seufzte tief. Er spürte, daß etwas Tiefes, Besonderes sein Leben berührte, und er wollte diesen Moment nicht unbewußt verstreichen lassen. Er hatte sein Herz einem Elefanten geschenkt.

Als er den Stall betrat, setzte er eine heitere Miene auf. Vor der quergeteilten Tür von Amys Box blieb er stehen und versuchte zu lächeln. Er hoffte, Amy damit zu täuschen, aber es war zwecklos. Ob er lächelte oder ernst blieb, ob er lachte oder weinte – Amy wußte ja doch, was er wirklich fühlte.

Scheinbar lässig lehnte er sich an den Türrahmen. Er mußte an seine erste Begegnung mit ihr zurückdenken, als in der Box ein kleines, verwaistes Elefantenkalb gestanden hatte, zu ängstlich, den Rüssel über die Tür zu strecken. Amy kam heran, um ihn zu begrüßen. Michelle, die neben ihr stand, meckerte. Sie reichte Amy gerade noch bis zum Knie, und auch über Bob ragte Amy inzwischen hoch auf. Er nahm seinen Cowboyhut ab, strich sich die Haare glatt und setzte zum Sprechen an, aber er fand keine Worte. Er räusperte sich. Mühsam hielt er die Tränen zurück.

»Es tut mir leid …«, begann er.

Er hatte sich geschworen, seine Gefühle vor Amy zu verbergen, doch er konnte nicht anders.

»Wir müssen dich ziehen lassen, Amy«, sagte er leise. »Aber hab keine Angst, wir können dich jederzeit wieder zurückholen, wenn es Probleme gibt, das verspreche ich dir.« Mühsam brachte er ein Lächeln zustande. »Ich bin sicher, es wird dir gefallen. Es gibt andere Elefanten dort, mit denen du spielen kannst. Ja, Amy, du gehst nach New York, da trifft sich alles, was Rang und Namen hat.« Er sammelte sich einen Moment und fuhr dann mit tränenerstickter Stimme fort: »Das ist ein trauriger Tag für mich, Amy. Du wirst mir fehlen.«

Amy schlang das Ende ihres Rüssels um Bobs Handgelenk und zog seine Hand zu sich heran. Und wie sie es oft tat, wenn sie in Ruhe zusammen waren oder wenn sie sich seiner versichern wollte, führte sie seine Hand in ihren Mund, damit er ihr die Zunge streichelte. Sie schien zu spüren, was er fühlte, und auch zu wissen, was ihr bevorstand, aber sie vertraute darauf, so glaubte er, daß er das Richtige tat.

Veränderungen wecken in jedem Tier uralte Ängste vor dem Unbekannten, vor Hunger und Durst und sogar vor dem Tod. Amy würde tapfer sein müssen. Sie verlor den Kompaß ihres Lebens, und vielleicht würde sie nun nicht mehr wissen, was sie tun oder gar was sie fühlen sollte. Im übertragenen Sinn war Bob ihre Leitkuh, ihre Familie, ihre Herde. Wissen, das Verstehen der Menschenwelt, Nahrung und Gesundheit, das alles war überwiegend von ihm ausgegangen. Er hatte ihr Zeit, Geduld und eine sichere Umgebung geschenkt. So stark und gesund sie jetzt war, konnte sie sich ein Leben ohne ihn doch nicht vorstellen.

Ich hatte Glück, dachte Bob, ich habe eine Barriere zwischen Mensch und Tier überwunden. Er wußte um seine privilegierte Stellung, seine Auserwähltheit. Tiere hatten sein Leben als Cowboy bestimmt, und dann war aus heiterem Himmel eines zu ihm gekommen, das Schmerzen gelitten hatte – spielte es da eine Rolle, was für ein Tier es war? Amy hatte seine Hilfe gebraucht. Jetzt brach ihm schier das Herz.

Es war eng in dem Anhänger mit Amy, Michelle, Butch und einem Pferd namens Zorro, mit Amys Keyboard, ihrem grünen Ball und den anderen Spielsachen. Die Reifen drückten sich flach, als Bob den Gang einlegte und langsam anfuhr – zum letzten Mal. Sie holperten die Kieszufahrt entlang, an den Ranchhelfern vorbei, die mit traurigen Mienen ihre Hüte schwenkten und Amy einen Abschiedsgruß zuriefen. T. J. strich sich über den Schnurrbart und versuchte zu lächeln, aber auch ihm war zumute, als würde er einen Freund verlieren. An der Suhle streckte Bob den Kopf aus dem Fenster und rief Amy zu: »Wink noch mal, mein Schatz, wink noch mal!«

Sie fuhren erst süd- und dann ostwärts zu einer Pferderanch in Texas, wo Amy an Buckles übergeben werden sollte, der sie auf seine Farm in Florida mitnehmen wollte. Dort würde sie bleiben, bis sie soweit war, im Big Apple Circus aufzutreten, und das konnte einige Zeit dauern. Zuerst würde sie sich an die Woodcocks und die beiden Elefanten Anna May und Ned gewöhnen müssen. Vor allem aber mußte sie sich an ein Leben ohne Bob gewöhnen.

Bob starrte wie hypnotisiert auf den durchbrochenen gelben Mittelstreifen, der unter ihm wegzuckte. Die hupenden Laster, die winkenden Kinder in den Autos, die ihn überholten, das Schwanken des Anhängers unter Amys Gewicht und ihre Keyboardklänge – das alles hatte jetzt eine andere Bedeutung für ihn als früher. Es war schrecklich.

Eine gute Art, sich von Amy zu verabschieden, gab es nicht. Ein Abschied ist wie ein kleiner Tod, dachte er. Er rief sich andere Abschiede in Erinnerung. Aber irgendwie hatte er sich den Menschen nie so nahe gefühlt wie einigen der Tiere in seinem Leben. Und dann war Amy gekommen und hatte ihm sein Herz gestohlen. Jetzt versuchte er sich einzureden, daß dieser Abschied der Anfang eines behutsamen Übergangs in ihr neues Leben sei. Um es ihr leichter zu machen, hatte er all die vertrauten Dinge mitgenommen – ihren Lieblingsball, die Spielsachen von Toys»R«Us, ihre Kekse und eine Tüte Zimtschnecken. Michelle würde bei ihr bleiben. Sich auch von ihr zu trennen wäre zuviel gewesen.

Allzu früh, wie ihm schien, kam er an. Amy stieg aus dem Anhänger, streckte ihre Beine und aß und trank, während Bob Buckles begrüßte, der schon mit einem großen Laster auf sie wartete. Sie unterhielten sich über die Straßenverhältnisse, über das Wetter, über dieses und jenes. Aber eigentlich dachte Bob an das, was unaufhaltsam auf ihn zukam. Zerstreut sagte er: »Morgens ißt sie gern Karotten, und Zimtschnecken mag sie auch, wenn Sie welche kriegen, und Erdbeeren mit Schokoladensoße, und natürlich immer wieder Karotten.«

Schließlich ging er zu Amy. Er tätschelte ihr den Rüssel und flüsterte ihr ein »Auf Wiedersehen« zu.

Zu Buckles sagte er, ohne ihn anzusehen: »Ich kann nicht länger bleiben. Ich muß zurück.« Er ging davon und sah sich nicht noch einmal um.

KAPITEL ZEHN

Amys neues Zuhause

Am Ende der Reise schaute sich Amy suchend nach Bob um. Michelle trippelte aus dem Anhänger und blieb dicht neben ihr stehen. Amy schlang ihren Rüssel um Michelles Bauch, und wie zwei Waisen blickten sie in ihre neue Welt.

Buckles versuchte Amy zu beruhigen. Er rief ihr zu, sie solle ihm folgen, und ging zu einem hohen Gatter, das sich auf eine Weide öffnete, wie Amy noch nie eine gesehen hatte. Hohes grünes Gras wuchs dort, in dem einzelne wilde Fächerpalmen standen. Amy besah sich das Futter, das man ihr hingestellt hatte, aber es war nicht das, was sie gewöhnt war. Sie ging zu einem Wassertrog, ähnlich dem, in den sie als Baby in Afrika ihren Rüssel getaucht hatte. Das Wasser war warm und hatte nichts von der Frische des Ranchwassers. Dunkle Wolken hingen am Himmel, und von fern hörte man Donnergrollen. Bald würde es regnen.

Auf der T-Cross-Ranch hatte sie ihre Wege genau gekannt, von ihrer Box in den Auslauf, wo ihre Spielsachen lagen, und von dort auf die Weide, zur Suhle oder die Zufahrt entlang, die vor dem Pferdestall einen Kreis bildete. Vermutlich hätte sie auch allein die Zäune entlang oder zum Wassertank hinaufgehen können, wo sie manchmal mit Bob gewesen war. Ihre alte Welt war klar begrenzt gewesen. Jetzt trottete sie mit verwirrter, ängstlicher Miene in eine rückwärtige Ecke der Weide. Alles war neu für sie.

Buckles schaffte ihre Spielsachen in den Stall, wo Ned und Anna May in ihren Boxen standen. Er tätschelte Anna May den Rüssel, brachte Futter in Amys Box und öffnete die Türen, damit sie herein konnte, wenn sie wollte. Barbara trat zu ihm, als er gerade einen Heuballen lockerte. Sie konnte es kaum erwarten, das neue Familienmitglied kennenzulernen. Sie sah Amy am anderen Ende der Weide stehen und betrachtete sie voll Mitleid.

»Ob Elefant oder Eichhörnchen – wer in eine neue Umgebung kommt, muß sich umstellen, da kommt Amy nicht drum herum«, sagte Buckles, als er Barbaras Blick sah. »Im Moment weiß sie natürlich gar nicht, wie ihr geschieht, aber da muß sie durch, das kann ihr niemand abnehmen.«

»Was ist mit Anna May?«

Er wußte, was Barbara meinte. Anna May war die Leitkuh. »Wenn Amy ihre Box gesehen hat, lasse ich die beiden zusammen hinaus. Mal sehen, ob das hilft.«

An diesem Abend hörte Amy zum ersten Mal seit ihrer Kindheit Laute anderer Elefanten und nahm deren Geruch wahr. Sie schlug mit dem Rüssel gegen die

Wände ihrer Box, umschlang Michelle und wartete auf den Morgen, als hoffe sie, Bob würde dann wie immer mit frisch geschnittenen Karotten vor ihr stehen.

Anstelle von Karotten begrüßten sie am Morgen zwei Artgenossen. Sie hatte so lange keine anderen Elefanten mehr gesehen, daß sie sich vielleicht gar nicht mehr an ihresgleichen erinnerte. Amy gehörte der Spezies *Loxodonta africana* an, Ned und Anna May als asiatische Elefanten der Spezies *Elephas maximus*. Sie unterscheiden sich in Form und Größe, dem Finger des Rüssels, Ohren und Zähnen, der Rückenlinie, der Kopfform und anderem mehr. Weit größer als die Unterschiede aber sind, zumindest für den menschlichen Betrachter, die Ähnlichkeiten.

Als Buckles sah, wie Amy Anna May und Ned betrachtete, sagte er zu Barbara: »Es ist genauso, als wäre einer in einer Büffelherde aufgewachsen und würde nach langer Zeit zum ersten Mal wieder Menschen sehen. Amy erkennt jetzt, daß sie kein Pferd und auch kein Mensch ist. Vielleicht ist es ein Schock für sie. Sie wird zwar versuchen, mit den beiden zu kommunizieren, aber ob ihr das gelingt, werden wir möglicherweise nie erfahren.«

Amy vermißte Bob mehr, als irgend jemand erwartet hatte, und sehnte sich offenkundig danach, zu ihrem gewohnten Tagesablauf auf der Ranch zurückzukehren. Anders konnte Buckles sich ihr Verhalten nicht erklären. Es war, als hätte man ihr das Leben selbst gestohlen. Stunde um Stunde stand sie wie ein Gespenst in der Ecke der Weide, starrte ins Leere und gab keinen Laut von sich. Nichts erregte ihre Neugier, und an ihrem Futter schnupperte sie nur. Schlimmer noch: Wenn Buckles ihr einen Befehl gab, gehorchte sie nicht, als sei sie nicht gewillt, von irgend jemand anderem als von Bob Befehle entgegenzunehmen. Sie schien sich vor Kummer zu verzehren.

»Ich komme nicht weiter mit ihr«, sagte Buckles zu Barbara. »Ich weiß nicht, was ich noch machen soll.«

»Laß ihr Zeit«, erwiderte Barbara.

Fast glaubte Buckles schon, es sei ein Fehler gewesen, Amy zu übernehmen. Vielleicht hatte sein Vater ja recht gehabt mit dem, was er über afrikanische Elefanten gesagt hatte. Buckles fehlten die Voraussetzungen, um Amy zu verstehen. Wäre sie wie Anna May und Ned gewesen, hätte er gewußt, wie er sie beschäftigen konnte, und bald hätte sie alles, was sie bedrückte, vergessen. Aber wie sollte er Amy beschäftigen, wenn er ihr keine Reaktion entlocken konnte?

Unter dem Vorwand, ihm zu berichten, daß sie die Fahrt von Texas nach Florida gut überstanden hätten, rief er Bob an. »Amy hat Sehnsucht«, sagte er.

»Da ist sie nicht die einzige.«

Buckles schilderte Bob Amys seltsames Verhalten und fragte: »Haben Sie eine Idee, wie wir sie da rausholen können?«

»Erdbeeren mit Schokoladensoße.«

»Was? Und das ist alles?«

»Ja. Und das, was Ihre Frau sagt: Lassen Sie ihr Zeit, sich einzugewöhnen.«

Anna May und Ned ließen Amy in Ruhe.

Ned, ein ungestümer junger Bulle, war von Anna May verwöhnt worden. Er hatte sie nie mit einem anderen Elefanten seines Alters teilen müssen und war offensichtlich auch jetzt nicht dazu bereit. Selbst in Amys Gegenwart – oder vielleicht gerade dann – behandelte Anna May ihn wie ein Baby, kitzelte ihn und spielte mit ihm. Ned liebte es, gekitzelt zu werden. Er trompetete, warf den Kopf zurück und geriet ganz außer Rand und Band. Ebensosehr liebte er es, wenn man ihm Angst einjagte. Buckles behauptete, er sage jeden Morgen beim Aufwachen zu sich selbst: »Hoffentlich passiert heute etwas, das mir angst macht. Wär das nicht toll? Es muß ja nichts Großes sein, nur eben etwas richtig Furchteinflößendes.« Wenn es darum ging, sich seinen Pflichten zu entziehen, entfaltete Ned mehr Energie als jeder andere Elefant, den Buckles bis dahin gekannt hatte. Buckles war der festen Überzeugung, er habe morgens bereits einen ausgeklügelten Plan parat, wie er sich um die Arbeit drücken konnte. »Er muß sich schon beim Nachdenken darüber völlig verausgaben«, sagte er.

Mehr als alles andere, das Futter ausgenommen, liebte Ned seinen Autoreifen. Er rollte ihn neben sich her und füllte ihn mit Heu für kleine Zwischenmahlzeiten, er umschlang ihn mit dem Rüssel, er schlief neben ihm. Die Zirkusarbeiter machten sich manchmal einen Spaß mit ihm und versteckten den Reifen unter den Heuballen, und dann schrie Ned so lange, bis er ihn wieder hatte. Barbara mußte den Zirkusdirektor bitten, seine Arbeiter davon abzuhalten, daß sie Ned quälten. Ned war – selbst für Elefantenverhältnisse – besessen von seinem Reifen.

Buckles verzweifelte allmählich. Noch nie hatte er ein so in sich gekehrtes, deprimiertes Tier gesehen wie Amy. Er konnte nichts mit ihr anfangen. Sie aß nicht, sie bewegte sich kaum, sie wirkte krank. Jeder sah, daß sie abmagerte. Buckles sorgte sich nicht mehr darum, wie sie mit Ned und Anna May auskommen würde, er fragte sich nur noch, ob sie überhaupt am Leben bleiben würde. Er dachte schon daran, sie zurück-zuschicken.

Er rief Bob an, um mit ihm über Amy zu reden, und erfuhr zu seiner Überraschung, das sich die Trennung auf Bob genauso auswirkte wie auf Amy. Nachdem er von ihr Abschied genommen hatte, war er in eine Depression verfallen, die erste größere seines Lebens. Mit seiner Frau sprach er kaum darüber. Er wußte nicht mehr aus noch ein. Er machte lange, einsame Wan-derungen und ritt seine Pferde ohne Enthusiasmus. Manchmal stand er an Amys Suhle und starrte auf das Spiegelbild der Wolken auf dem trüben Wasser. Die Zäune kontrollierte er nach wie vor, aber allein, nicht einmal die Hunde durften ihn begleiten.

Eines Tages suchte Jane ihn im Haus. Er war wieder einmal verschwunden, ohne Bescheid zu sagen. Sie schaute aus dem Fenster. Draußen war der Anhänger geparkt. Sie ging hinaus und um ihn herum zur hinte-ren Tür. Da sah sie Bob. Er stand mit dem Rücken zu ihr über Amys Keyboard gebeugt, und sie merkte, daß er weinte. Leise drehte sie sich um und kehrte auf Zehenspitzen ins Haus zurück. Als sie ihn später darauf ansprach, meinte er nur: »Sie ist nun mal mein Mädchen, zum Teufel.«

Am Telefon sagte er jetzt zu Buckles: »Sie wissen ja, Amy kann jederzeit zurückkommen, wenn es nicht geht. Vielleicht will sie nur wieder nach Hause. Ich weiß nicht, was ich Ihnen sagen soll, Buckles. Ich weiß es einfach nicht. Haben Sie's mit den Erdbeeren probiert?«

»Ja.« Es war Buckles peinlich, Bob um Rat fragen zu müssen. Schließlich war er, Buckles, der Elefantenkenner. Doch Amys Depression stellte ihn vor ein Rätsel. »Irgendeine andere Idee?« fragte er. »Sie kennen sie besser als ich. Wir müssen uns was überlegen, wie wir sie da rausholen könnten.«

»Versuchen Sie's mit Spielzeug«, sagte Bob. »Etwas anderes kann ich Ihnen auch nicht raten. Als sie damals hierhergekommen ist, hat ihr das geholfen. Vielleicht hilft es jetzt auch.«

Nachdem Bob aufgelegt hatte, mußte er sich setzen. Er war zutiefst deprimiert. Es war richtig gewesen, Amy wegzugeben, doch in gewissem Sinne war sie gar nicht weg. Sie war in seinem Herzen und würde für immer dort bleiben, bis an sein Lebensende.

Ned aß gerade Heu, als Amy seinen Reifen entdeckte. In den sechs Wochen, die seit ihrer Ankunft in Florida vergangen waren, war er zu der Gewißheit gelangt, daß sein Reifen vor ihr sicher war. Er hatte jetzt nicht mehr das dringende Bedürfnis, ihn von früh bis spät zu bewachen.

Ned sah von seinem Futter auf und stieß einen fürchterlichen Elefantenschrei aus. Amy berührte seinen Reifen! Und jetzt rollte sie ihn auch noch!

»Man könnte meinen, jemand will ihm ans Leben«, sagte Barbara, die aus dem Fenster sah und die Szene verfolgt hatte.

»Der Reifen ist eben auch sein bester Freund«, sagte Buckles.

Aber Ned wußte sich zu helfen. Er packte Amy am Schwanz und biß hinein. Vorerst waren die Fronten also geklärt.

Doch erstaunlicherweise half Neds Reifen Amy, sich an ihr neues Leben zu gewöhnen.

»Es ist nicht nur der Reifen«, berichtete Barbara Bob am Telefon. »Es ist auch Neds Reaktion, wenn sie ihm den Reifen wegnimmt. Sie triezt ihn richtig. Sie weiß genau, was sie tut, und sie genießt es. Er ist ja ein solches Kind. Er macht es ihr wirklich leicht.«

Bob strahlte. Am liebsten hätte er laut gelacht.

»Sie ist einfach schlauer als Ned. Sie quält ihn richtig, Sie müßten sie mal sehen! Ich bin sicher, sie vermißt Sie noch, Bob, aber jetzt hat sie endlich etwas gefunden, was sie ablenkt. Sie hat's mit einem Dummerchen zu tun, das sich leicht reinlegen läßt. Er würde Ihnen leid tun.«

»Tatsächlich?«

Barbara lachte. »Jetzt muß er ständig auf seinen Reifen aufpassen. Wenn sie nur in die Nähe kommt, brüllt er schon los. Aber er kriegt nie raus, ob sie den Reifen wirklich klauen will. Am Schluß ist er dann beleidigt. Neulich hat Buckles Amy ausgeschimpft, und das fand Ned toll, ich schwör's.«

Bobs Stimmung hob sich. Was Barbara erzählte, klang positiv. Er konnte sich Ned gut vorstellen. Offenbar machte Amy mit ihm das gleiche wie mit den Fohlen auf der Ranch, die sie mit ihrer überlegenen Intelligenz spielend ausgetrickst hatte.

»Ned läßt sich nicht einmal mehr von ihr am Schwanz fassen, wie sie's zu Beginn der Vorstellung tun sollen«, sagte Barbara.

»Na, das ist ja kein allzu hoher Preis.«

»Aber es kommt noch besser. Sie wartet, bis er frißt oder eingeschlafen ist, und dann pikt sie ihn mit den Stoßzähnen. Oder sie tut ganz harmlos, und wenn er sich in Sicherheit wiegt und ihr den Rücken zukehrt, rammt sie ihm die Zähne ins Hinterteil.«

»Sie ist auf dem richtigen Weg!« sagte Bob.

Wenn Amy es schafft, dachte er, dann schaffe ich es auch!

Anna May, die fast vierzig Jahre älter war als Amy und Ned, vermißte ihre Freundin Peggy, die jetzt in dem Elefantenasyl in Tennessee lebte. Die beiden hatten oft Seite an Seite im Stall und auf der Weide gestanden, hatten gemümmelt und gegrast und dem Wind in den Palmen gelauscht. Buckles glaubte, daß Anna May sich ohne Peggy einsam fühlte, und mehr noch, daß sie sich danach sehnte, ein anderes Weibchen in ihr Leben einzuschließen.

Elefantenkühe lieben junge Bullen abgöttisch, sie beschützen sie und erteilen ihnen Lektionen fürs Leben, aber auf Dauer zusammensein können sie, wie es Buckles schien, nur mit anderen Weibchen. Kein Wissenschaftler und kein Forscher weiß eine Erklärung dafür. Buckles aber hatte nach Jahren des Zusammenlebens mit Elefanten eine Vermutung: Weibliche Elefanten redeten miteinander, sie klatschten gern und erfüllten die Luft mit ihrem Geschnatter. Er hatte die Schwingungen auf der Haut gespürt und die Laute gehört. »Anna May und Peggy haben nur dann nicht geredet, wenn sie den Mund voll hatten!«

Eines Tages hörte Buckles, wie Anna May einen Ruf ausstieß. Amy stand ihr zugewandt. Anna May hob den alten höckerigen Kopf und fächelte die Luft mit ihren kleinen, fleckigen, ausgefransten Ohren, als erwartete sie, einen Laut zu hören, der ihr signalisierte, daß Amy ihren Ruf verstanden hatte.

Anna May ließ nicht locker. Über Wochen sandte sie Amy ihre seltsamen, eindringlichen Rufe. Eines Tages nahm Buckles ein unerklärliches Vibrieren in der Luft um die beiden Tiere wahr. Ihre Ohren spreizten sich ab, und ihre Köpfe hoben sich. Buckles war sich fast sicher, daß sie lauschten, was die andere zu sagen hatte. Wenn es wirklich so war, was für eine erstaunliche Geschichte hatte Amy dann Anna May zu erzählen! Und mehr noch: Dann hatte sie in Anna May ein Wesen ihrer eigenen Spezies gefunden, dem sie zuhö-

ren konnte, ein älteres, weiseres Tier, das ihr möglicherweise helfen konnte, alles, was ihr widerfahren war,
zu verstehen.

Und so wurde Anna May zu Amys Zuflucht. Amy
drängte sich an sie, sie faßte ihren Rüssel, sie folgte ihr
auf Schritt und Tritt. Sie aß, wenn Anna May aß, sie
trank, wenn Anna May trank. Sie schien das Schlimmste überstanden zu haben.

KAPITEL ELF

Das Showtalent

Mit dem Big Apple Circus lernte Amy eine kunterbunte Welt lärmender Clowns, fliegender Akrobaten und rätselhafter Zauberer mit Tauben in den Ärmeln kennen, eine Welt voller neuer Farben und Rhythmen. Und so fremd diese Welt den Betrachter auch anmutete, paßte darin doch alles zusammen.

Der Big Apple glich einem Elefantenhotel mit allem Komfort. Amys Lebensbedingungen wurden dort genauestens und in allen Einzelheiten bedacht und überprüft. Die Zirkusleitung, von Buckles beraten, sorgte für Wärme, Lüftung und ausreichend Bewegungsfreiheit. Amys Nägel wurden regelmäßig geschnitten und poliert, ihre Haut mit Bürsten und Kämmen gepflegt. Man behandelte sie wie einen Zirkusprofi, einen Entertainer mit individuellem Naturell und eigenen Emotionen, manchmal sogar wie einen Star.

Buckles war begeistert, wie gut Amy sich erholt hatte. Wieso hatte sein Vater behauptet, afrikanische Elefanten hätten ihren ganzen Verstand in den Ohren? Amy war intelligent, sie hatte Talent, und der Umgang mit ihr war leichter als mit jedem anderen Elefanten, den er gekannt hatte. »Bob hat eine vollendete Dame aus ihr gemacht«, sagte er zu Barbara.

Ihre Zirkuspflichten waren ein Kinderspiel für Amy. Was hatte sie noch groß zu lernen? In Anna Mays beruhigender Gegenwart faßte sie Buckles' Anweisungen rasch auf. Der Beginn ihres Zirkuslebens wurde von der zweijährigen Skye geprägt, die Windeln trug und noch nicht sprechen konnte. Skye war die Enkelin der Woodcocks. Sie hatte ihren Auftritt in der Nachmittagsvorstellung. Ned trug sie in einem Korb im Maul, eine Nummer, die für die Art der Darbietungen im Big Apple charakteristisch war. Ned war groß, und Skye war winzig und süß – es ging allein um den Kontrast. Die Nummer stellte keine hohen Anforderungen, und doch gefiel sie dem Publikum.

Eines Tages aber weigerte sich Skye, mit Ned aufzutreten, und da sie noch nicht sprach, wußte man nicht, warum. Das wiederholte sich Tag für Tag, und Barbara ließ sie gewähren, bis sie nach Wochen schließlich herausfand, daß Skye mit Amy auftreten wollte. Ned war ihr zu langweilig geworden, es war immer das gleiche, es machte keinen Spaß mehr mit ihm. Amy dagegen brachte sie zum Lachen, sie kramte in ihren Taschen nach Leckereien und folgte ihr beharrlich, wenn sie zwischen den Vorstellungen bei den Wohnwagen oder im Zirkuszelt umherstreifte.

Am Ende bekam Skye ihren Willen. Nur wenig Übung war nötig, bis Amy gelernt hatte, sie hochzuheben. Sie beugte ein Knie, und mit einer Behutsamkeit, die selbst Barbara überraschte, schwang sie sich Skye in einer fließenden, anmutigen Bewegung wie ein erfahrener Profi auf den Rücken. Wollte Skye absteigen, legte sie sich auf die Seite, und wenn sie wieder aufstand, »tanzte sie Walzer« und drehte sich unter dem Beifall des Publikums im Kreis.

»Elefanten zu dressieren, ist eine knifflige Sache«, pflegte Buckles zu sagen. »Es gibt keine mutigeren Tiere und keine größeren Feiglinge. Es gibt keine besseren Freunde und keine schlimmeren Feinde.« Er verlangte nichts anderes von Amy, als das, was sie in freier Wildbahn ohnehin getan hätte, und doch trieb sie ihn manchmal zur Weißglut.

»Sie ist wie eine Katze!« beklagte er sich bei Barbara. »Wen sie nicht mag, den mag sie nicht, und nichts kann sie dann umstimmen. Für sie zählt nur, was *sie* will, sie versucht gar nicht erst, es einem recht zu machen. Sie ist immer und überall nur sie selbst ...«

»Du meinst, Buckles«, unterbrach ihn Barbara, »sie ist eben keine, die mit dem Schwanz wedelt.«

Bei den Vorführungen hinkte Amy immer ein wenig hinter Ned und Anna May her. Sie hatte entdeckt, wie vorteilhaft es sein konnte, das Publikum im Auge zu behalten. Einmal, als sie sich in der Manege hinlegen sollten, tat Amy das – nicht zufällig, wie Buckles glaubte – vor drei Jungen in der ersten Reihe, die allerlei Knabbersachen auf dem Schoß hatten. Als Buckles gerade nicht hinsah, schnellte Amys Rüssel über die kniehohe Barriere, und sie schnappte den verdatterten Jungen ihre Popcorntüten weg. Noch nie hatte Buckles einen Elefanten so schnell und so offenkundig planvoll vorgehen sehen. Amy war noch intelligenter, als Bob sie beschrieben hatte. Nach der Vorstellung schimpfte Buckles mit ihr, aber das Publikum war begeistert gewesen.

Amy schien tatsächlich zu lächeln und sich im Jubel der Kinder zu sonnen. Ohne von Buckles dazu aufgefordert zu werden, spielte sie mit abgespreizten Ohren und schlenkerndem Rüssel den Kindskopf, wie beim Versteckspiel mit Bob.

Ihr Verstand war zu schnell für den immer gleichen Ablauf ihrer Nummer, der sich nur einmal in jeder Spielzeit änderte, und um sich zu beschäftigen, suchte sie Ablenkung. Während Ned und Anna May sich in ihre spektakulären Posen warfen, durchsuchte sie die Zuschauer in der ersten Reihe nach Süßigkeiten oder pustete sie an, als wäre das Publikum nur zu ihrem Vergnügen da. Einmal schnappte sie sich während der Vorstellung die Handtasche einer Frau von einem leeren Sitz, ein andermal behielt sie mehrere Minuten lang Wasser im Rüssel, und als Buckles ihr den Rücken zukehrte, spritzte sie die Zuschauer naß.

Eines Tages reihte Buckles Amy, Ned und Anna May neben dem Zelt auf, um sie vor Beginn der Vorstellung noch einmal zu inspizieren. Als er sich einen Moment abwandte, nutzte Amy die Gelegenheit und büchste aus. Sie spazierte zu einem Besucher, der sein Kind im Sportwagen vor sich herschob, beschnupperte die beiden und durchsuchte sie nach Leckereien. Der Mann tätschelte ihr den Rüssel, das Kind lachte, und schließlich nahm Amy ihm ganz sanft das Eis aus der Hand. Sie marschierte mit ihrer Beute wieder durch das Tor und zog sich in ihr Zelt zurück.

Buckles konnte es kaum fassen. »Daran ist Bob schuld«, sagte er später zu Barbara. »Er hat sie wie eine Prinzessin behandelt, und jetzt benimmt sie sich auch so.«

»Aber du kannst sie doch nicht einfach rausgehen lassen!«

»Nein? Und wie soll ich das verhindern? Sie hat ihren eigenen Kopf, dagegen ist kein Kraut gewachsen. So ist sie nun mal. Bob hat sie so erzogen.«

Wie zur Bestätigung tanzte Amy noch am selben Nachmittag während der Proben von neuem aus der Reihe. Buckles arbeitete gerade mit Ned und Anna May, Amy sollte währenddessen ein Stück entfernt stehenbleiben. Sie tastete mit dem Rüssel um ihre Füße herum nach Popcorn- und Süßigkeitenresten, und als es ihr zu langweilig wurde, begann sie, auf einem Bein um die Manege zu hüpfen, erst auf dem einen, dann auf dem anderen Hinterbein. Buckles und die anderen Zirkuskünstler hielten inne und starrten sie an, als wollten sie sagen, Aha, sie legt wieder los!

Buckles rief Bob an, um ihm wieder einmal Bericht zu erstatten. »Sie hat alles, was man sich von einem Elefanten nur wünschen kann«, sagte er. »Sie ist wie ein Vollblutpferd, aber sie geht ihren eigenen Weg.«

»Das höre ich gern«, sagte Bob.

»Was? Daß sie wie ein Vollblutpferd ist, oder daß sie ihren eigenen Weg geht?«

»Beides«, erwiderte Bob prompt. »Das hätte ich Ihnen gleich sagen können, Buckles: Wenn Sie erwartet haben, daß Amy genau das macht, was man von ihr will, werden Sie enttäuscht sein.«

»Sie läßt sich nicht aus der Ruhe bringen, das muß man ihr lassen. Aber sie scheint sich nicht darüber im klaren zu sein, daß sie im Showbusiness arbeitet.«

»Sie hat schon immer etwas für Alleingänge übriggehabt. Da muß man sie einfach lassen. Sie probiert gern etwas Neues aus, und Unterhaltungswert hat das allemal.«

Amy war seit einem knappen Jahr beim Big Apple Circus, als Buckles ihr eine Hauptrolle gab. Die Nummer nannte sich »Der Zauberteppich«. Amy trat darin mit Bello Nock auf, dem Starclown des Big Apple, dessen Markenzeichen seine riesige blonde Haartolle war. Bello war ein Naturtalent. Seine Clownerien beschränkten sich nicht auf die Arbeit in der Manege, sie lagen ihm einfach im Blut. In Amy hatte er schnell die verwandte Seele erkannt.

Sein Urteil über Amy stand von Anfang an fest: »Sie ist ein Clown, so wie sie ist, auch ohne Schminke, Kostüm und einstudierte Nummer.«

»Du meinst, sie kann sich alles erlauben.«

Was ja der Wahrheit entsprach.

»Sie probiert gern aus, wie weit sie gehen kann, das stimmt. Aber das macht jeder Clown. Sie führt dich gern an der Nase herum, als wärst du ihr Vater. Deswegen lachen die Kinder auch so über sie. Sie stellt etwas an und probiert, ob sie damit durchkommt, genau wie die Kinder daheim. Und gute Einfälle hat sie ja.«

Am Ende der Nummer mußte Amy Bello aus der Manege auf den Zauberteppich ziehen. Bald wurde ihr das aber zu langweilig, und Buckles war überzeugt, daß sie wieder auf Unfug sann. Und er hatte recht. Ned hatte im Hinausgehen nach seinem Auftritt einen großen Kothaufen in der Manege hinterlassen. Am Ende der Vorstellung zog Amy Bello wie gewöhnlich zu dem Teppich, machte im letzten Moment aber einen Schlenker und schleifte ihn mitten durch den Haufen. Das Publikum johlte. Draußen blieb Amy stehen und sah ihn an, und Bello hätte schwören können, daß sie grinste.

In gespieltem Zorn faßte er ihren Rüssel und sprach streng in die Öffnung wie in ein Telefon. »Das hast du mit Absicht getan«, sagte er. Dann hielt er sich den Rüssel ans Ohr, als wollte er die Antwort hören. Er wischte sich den Hosenboden ab und glaubte zu sehen, wie sich Amys Mundwinkel nach oben bogen.

Bello liebte seine Haarpracht und wandte sich manchmal ab, um sie zurechtzustreichen. Das brachte Amy auf die Idee, ihn mit seiner Eitelkeit auf den Arm zu nehmen. Bei ihrem gemeinsamen Auftritt spielte Bello einen Kellner in einem Restaurant. Amy saß auf einem Stuhl am Tisch und »studierte« die Speisekarte, während Bello auf ihre Bestellung wartete. Er entfernte sich kurz, um ein Tablett mit Brot zu holen, und als er ins Publikum sah, schnappte sich Amy das Brot. Bello tat so, als wüßte er nicht, wo es geblieben sei, und die Kinder riefen ihm »Amy! Amy!« zu.

Unterdessen hatte Amy aus einem hölzernen Sekt-kühler, der auf dem Tisch stand, Wasser in ihren Rüssel gesogen, und als Bello sie wegen des Brotdiebstahls aus-schimpfte, spritzte sie ihn über und über naß. Seine blonde Mähne, auf die er so stolz war, sackte zusammen und fiel ihm in die Augen. Die Zuschauer schrien vor Begeisterung, und wieder war sich Bello sicher, daß Amys Mund sich zu einem Elefantenlächeln verzog.

Im Laufe der Monate wuchsen Amy, Ned und Anna May allmählich zu einer Familie zusammen, deren unangefochtenes Oberhaupt Anna May war. Sie hatte die beiden Jüngeren fest im Griff. Sie versetzte ihnen mit dem Rüssel Klapse und verdrehte ihnen schmerz-haft die Ohren; Wenn ihr die Geduld riß, stieß sie mit gesenktem Kopf nach ihnen oder kniff sie in den Schwanz.

War Amy ungezogen, schimpfte Buckles mit ihr. »Schämst du dich nicht, Amy?« sagte er. »So ein großes Mädchen, und hat nicht mehr Verstand als Ned. Was soll denn das?« Dann hob Amy scheinbar flehentlich den Rüssel, bis Buckles seinen Tonfall änderte. »Na, bist du jetzt wieder lieb?« Da bewegte sie zustimmend den Kopf auf und ab.

An einem heißen, feuchten Septembernachmittag im Winterquartier in New York wurden Amy, Anna May und Ned von Fliegenschwärmen geplagt. Die Ele-fanten hatten nicht genug Staub und Erde, um sie zu vertreiben, und sahen ziemlich kläglich drein. Buckles konnte nichts für sie tun. Bei einer Ruhepause in seinem Wohnwagen hörte er plötzlich ein Brüllen, und als er aus dem Fenster sah, bot sich ihm ein höchst sonderbarer Anblick.

Amy hatte einen leeren Sack auf dem Boden gefunden und fegte sich damit die Fliegen vom Rücken. Sie schwenkte ihn abwechselnd nach links und rechts, und jedesmal flogen die Quälgeister in einer Wolke auf. Amy schien entzückt und hängte sich den Sack zur weiteren Verwendung übers Ohr.

Nun wollten auch Anna May und Ned die Fliegen mit dem Sack vertreiben, und Ned schnappte ihn sich von Amys Ohr. Amy versetzte ihm daraufhin einen Hieb mit dem Rüssel, und er ließ den Sack fallen. Anna May hob ihn auf und begann sich ihrerseits von den Fliegen zu befreien. Jetzt schrie Amy, Ned brüllte ebenfalls, und Anna May trompetete erleichtert. Sie schlug sich mit dem Sack gegen die Flanken, und Ned und Amy mußten warten, bis sie wieder an der Reihe waren.

Buckles beschloß einzugreifen, ehe sie wieder zu streiten anfingen. Er ging in einen Lagerschuppen auf dem Gelände und holte zwei weitere Säcke. Abends standen sie alle drei beieinander, und jeder von ihnen trug seinen Sack wie eine Trophäe überm Ohr.

Im Winterquartier wurden nachts durch die geöffneten Wohnwagenfenster immer wieder Gegenstände gestohlen. Man stellte eine Untersuchung an, die aber erfolglos blieb. Eines Abends dachte Buckles noch einmal darüber nach, was genau abhandengekommen war. Er ging in den Elefantenstall, und da fand er die

Beute, unter dem Stroh versteckt: eine silberne Bürste, Portemonnaies, einen Bettüberwurf mit Fransen, zwei Spiegel, einige Fotografien in schmalen Rahmen, einen ramponierten Hut, einen Schuh und mehrere Bleistifte!

Auch gegen Neds Vorliebe für Limonadendosen war er machtlos. Ned liebte es, Dosen plattzutreten, und eine Zeitlang schien das sein einziger Daseinszweck zu sein. Eines Tages fand er vor der Küchentür einen großen leeren Soßenkanister. Er wischte die Soßenreste mit der Rüsselspitze auf und leckte sie ab. Plötzlich überkam ihn der Drang, den Kanister platt zu machen, und er stampfte mit dem Fuß darauf, ohne den Rüssel vorher herauszuziehen. Er brüllte vor Schmerz und versuchte den Kanister abzuschütteln, bis Buckles herbeikam und ihn befreite. Grollend ging er davon und leckte sich den zerschundenen Rüssel.

Amy hielt unterdessen vor einem Loch in der Bodenleiste ihres Stalls Wache. Einige Tage zuvor war eine Ratte aus dem Loch gekommen, und sie hatte den nichtsahnenden Nager mit dem Rüssel zerschmettert. Jetzt wartete sie darauf, daß noch mehr Ratten zum Vorschein kamen, und legte sich sogar auf den Bauch, den Rüssel zum Zupacken bereit über dem Loch.

»Ausdauernder als jede Katze«, sagte Buckles. Nachdem Amy lange Zeit vergeblich gewartet hatte, tat sie ihm schließlich leid, und er entschloß sich, sie zu erlösen. Er umwickelte ein flauschiges graues Stück Stoff mit festem Gummiband und schob die »Ratte« von außen durch das Loch. Mit sichtlichem Vergnügen schlug Amy danach, wieder und wieder, sie quiekte und trompetete und schien gar nicht zu merken (oder sich nichts daraus zu machen), daß es keine echte Ratte war, die sie von da an zehn- bis fünfzehnmal am Tag zur Strecke brachte.

Andere Tiere wie etwa Hunde, Kamele und Pferde machten Anna May und Ned Angst. Amy dagegen fühlte sich wohl in ihrer Nähe. Sie tastete mit dem Rüssel die Gesichter der Pferde ab und ließ die dressierten Hunde unter ihrem Bauch durchlaufen. Anna May machte der Lärm in der Stadt nervös, Amy ließ sich von Motoren, Hupen und Sirenen nicht beirren. Einmal spazierte sie in aller Seelenruhe mitten in Manhattan die Columbus Avenue entlang zum CBS Building, wo sie einen Fernsehauftritt hatte. Sie fuhr mit dem Lastenaufzug nach oben, und als sie Buckles durch die Flure folgte, blieb sie einen Augenblick stehen, um sich in aller Eile einen Muffin, einen Apfel und eine Orange von dem Teewagen vor dem Green Room zu schnappen, in dem die Gäste auf ihren Auftritt warteten.

Amy führte vor den Fernsehkameras ihre Nummer auf, als sei das ihr täglich Brot. Sie war eine Berühmtheit, die schon viele Male mit Stars wie Tom Cruise, Nicole Kidman, Dustin Hoffman, Geena Davis, Susan Sarandon und Harrison Ford gedreht hatte. Man bestaunte ehrfurchtsvoll ihre Größe und Majestät, ohne etwas über ihre denkwürdige Vergangenheit zu wissen.

Sie war der freundlichste Elefant, den man sich vorstellen konnte. Nichts brachte sie aus der Ruhe. Blinde Kinder besuchten sie nach einer Sondervorstellung, krochen lachend unter ihr durch und strichen mit den Händen über die rauhe Haut ihres Rüssels. Amy durchsuchte sie nach Süßigkeiten und schubste sie eines nach dem anderen beiseite. Sie mochte alle Menschen. Eine »Privatsphäre« um sich herum schien sie im Gegensatz zu den meisten anderen Elefanten nicht zu brauchen, und nie nahm sie es übel, wenn die Leute ihr den Rüssel tätschelten. Sie war lieb und nett und immer sanftmütig.

Aber es gab natürlich auch Tage, an denen sie wie alle anderen im Zirkus niedergeschlagen war. Wenn das Zelt schwach besetzt war und das Publikum nicht laut genug applaudierte, fehlte ihrem Auftritt der Glanz. Entsprach der Beifall aber den Erwartungen, belohnte sie die Zuschauer, wie Buckles glaubte, mit einem Lächeln. Im Zirkusgeschäft, pflegte er zu sagen, gibt es »keine Sonne ohne Schatten, auch für die Elefanten«.

KAPITEL ZWÖLF

Der Cowboy und sein Elefant

Freunde und Bekannte, Geschäftspartner und neue Ranchhelfer, Kassiererinnen und Verkäuferinnen – sie alle mußten sich Bobs Erzählungen von Amys Zirkuserfolgen anhören. Voller Stolz zeigte er ihre »Reklamefotos« herum. Er vermißte sie. Er hatte sich ferngehalten, hatte sie bewußt nicht besucht, um ihr Zeit zu lassen, sich in der Zirkuswelt einzugewöhnen. Sie sollte ihn vergessen, zu ihrem eigenen Besten. »So habe ich mir das jedenfalls vorgestellt. Ich habe es gehofft«, sagte er zu Buckles. »Aber es tut immer noch weh.«

»Amy geht's gut, das kann ich Ihnen wirklich sagen.«

»Eine Zeitlang stand es ziemlich auf der Kippe, nicht wahr?«

»Ich weiß bis heute nicht, wodurch sie sich schließlich wieder gefangen hat. Wahrscheinlich hat da vieles eine Rolle gespielt. Eine große Hilfe war Anna May. Aber das liegt jetzt alles längst hinter ihr.«

»Wann kann ich sie besuchen, was meinen Sie?«

»Jederzeit«, erwiderte Buckles enthusiastisch. »Sie werden staunen, wie sie sich verändert hat.«

Genau davor aber hatte Bob Angst. Bald fragte er sich, ob sie ihn vermißte, bald befürchtete er, sie würde sich nicht mehr an ihn erinnern. Über ein Jahr hatte er sie nicht mehr gesehen, und in dieser Zeit hatte sie eine schwere Depression durchgemacht und dann ein neues Leben als Hauptattraktion in einem Zirkus angefangen. Wenn sie ihn vergessen hatte, konnte er das nur sich selbst zum Vorwurf machen: Sie wollte sich nicht erinnern, weil er sie hatte ziehen lassen.

Das Leben des Ehepaars Norris hatte sich verändert, seit Amy nicht mehr da war. Bob nahm überall im Westen an Cutting-Pferdewettbewerben teil, er besuchte regelmäßig Pferde- und Viehmärkte, er wurde zum zweiunddreißigsten Präsidenten der *Quarter Horse Association* in Amarillo, Texas, gewählt und in die dortige *Hall of Fame* aufgenommen, er war Mitbegründer der *National Cowboy Hall of Fame and Western Heritage Center* in Oklahoma City und gehörte dessen Vorstand an. Er war ein engagierter Vater und Großvater. Das alles war Amys wegen bis dahin zu kurz gekommen.

Aber er hatte nicht erwartet, für seine Freiheit den Preis zahlen zu müssen, daß sie ihn nicht wiedererkannte.

Auf der Fahrt zum Flughafen hielt er am El Charro's an, um eine Tüte frische Zimtschnecken zu kaufen, die er Amy zusammen mit Karotten und frischen Erdbeeren in Schokoladensoße mitbringen wollte. Sein Rasierwasser hatte er auch eingepackt. Er trug seinen besten

Resistol-Cowboyhut, seine handgearbeiteten Rindsleder-stiefel und einen Gürtel mit einer vergoldeten Schnalle, den er einmal als Preis gewonnen hatte.

»Du wirkst ja so nervös, Bob«, sagte Jane ironisch, als sie in Great Barrington, Massachusetts, ihr Motel ver-ließen, um zu Amys Vorstellung zu fahren.

»Das bin ich auch. Schließlich sehe ich heute mein kleines Mädchen wieder.«

Doch als das Zirkuszelt in Sicht kam, wurde er schweigsam und nachdenklich. Er war darauf gefaßt, daß Amy ihn nicht wiedererkennen würde.

An der Kasse waren Karten für sie reserviert. Bob sah sich um, bevor sie hineingingen. Er war beeindruckt, wie groß der Zirkus war und wie gut organisiert alles wirkte. Wo Buckles und die Elefanten wohl unterge-bracht waren? Einen Moment lang lauschte er, in der Hoffnung ein Willkommenstrompeten von Amy zu hören. Natürlich, dachte er dann traurig, warum sollte sie sich auch erinnern.

Rings um das Zelt standen Verkaufswagen mit Süßig-keiten, Souvenirs und Hotdogs, und über den Boden schlängelten sich dicke Kabel. Es roch nach Zucker-watte und Liebesäpfeln, Popcorn und Limonade und nach den Zirkustieren in ihren Gehegen und Ställen. Im Zelt stimmte die Kapelle ihre Instrumente. Über Lautsprecher wurde der Beginn der Vorstellung an-gekündigt, und die Menschen strömten hinein und suchten sich ihre Plätze.

Der Zirkus hatte nur eine einzige Manege. Wie gemütlich es hier ist, dachte Bob. Sie saßen in der ersten Reihe am Gang. Die kniehohe Barriere war so nahe, daß Bob die Hand bis zur Manege ausstrecken konnte. Er sah zu dem schweren Vorhang hinüber, durch den die Künstler auf- und abtreten würden, und informierte sich dann mit einem Blick in sein Programm über die Reihenfolge der Nummern. Auf dem Schoß hielt er aufgeregt die Tüte mit den Zimtschnecken und die Karotten.

Er kam sich vor wie ein Vater, dessen Kind vor vollem Saal in einem Theaterstück auftritt. Wie groß Amy wohl inzwischen war? Er sah sie noch als Baby vor sich, kaum größer als ein ausgewachsener Bernhardiner. Es schien eine Ewigkeit her, seit sie zu ihm gekommen war auf ihren staksigen Beinen und mit dem ungeschickten Rüssel. Er war neugierig. Was mochte sie als routinierte Zirkuskünstlerin alles dazugelernt haben? Als sie die Ranch verließ, hatte sie die Grundlagen beherrscht. Sie hatte Schulkinder verzaubert und damit ihr Talent bewiesen. Jetzt wollte er, daß sie ihre Sache gut machte, egal, wie ihre Nummer aussah. Er erwartete Großes von ihr und wußte, sie würde ihn nicht enttäuschen.

Dann begann die Kapelle zu spielen, und das Licht wurde gedämpft.

Der Vorhang ging auf. Die Künstler kamen herein, paradierten im Gänsemarsch um die Manege und begrüßten das Publikum in typischer Zirkusmanier. Sie winkten, verbeugten sich und warfen Kußhände, die Clowns machten Späße, der Zirkusdirektor, ein weißhaariger älterer Mann im weißen Frack, auf dessen

Armen leuchtend bunte Sittiche saßen, schwenkte einen schwarzen Zylinder. Bello Nock mit seiner senkrecht hochfrisierten Mähne stolperte, stürzte und wischte sich den Schmutz ab. Die Kinder johlten, als eine Frau in einem Trikot mit glitzernden Pailletten dressierte Hunde hereinführte, die in abenteuerlichen Sprüngen durch die Luft wirbelten.

Dann öffnete sich der Vorhang noch weiter, und Anna May betrat die Manege, gefolgt von Ned, der ihren Schwanz gefaßt hielt. Die Kinder jubelten noch lauter als zuvor. Und dann kam Amy.

Bob straffte sich. Sie war tatsächlich ein wenig größer geworden, sie hatte sich verändert. Sie wirkte reifer, gesetzter. Ihre braunen Augen und die langen Wimpern waren wunderschön. Am liebsten wäre er aufgestanden und hätte ihren Namen in die Manege gerufen. Er sah Jane an, die ihm zulächelte und seine Hand nahm.

Die Musik wurde schneller. Bob saß jetzt ganz vorn auf der Stuhlkante. Er beugte sich vor und wartete ungeduldig darauf, daß Amy auf seine Seite der Manege kam.

»Meinst du, sie erinnert sich an dich?« fragte Jane.

Bob blickte ins Dunkel. »Ich glaube kaum.« Hätte sie sich an ihn erinnert, hätte sie ihn längst begrüßt.

Doch in diesem Augenblick ließ Amy Neds Schwanz los und hob witternd den Rüssel. Ein gellender Trompetenstoß ertönte. Amy wandte sich um und blickte durch das gleißende Licht in Bobs Richtung. Ihr Rüssel stand wie ein Fragezeichen hoch. Buckles, der in seinem Kostüm mit den goldenen Epauletten und den Reithosen neben Anna May stand, schimpfte leise mit Amy. Er wußte nicht, was sie vorhatte, aber sie tat nicht, was sie sollte, und das konnte er nicht durchgehen lassen.

»Amy! Hierher!« sagte er streng.

Sie wandte den Kopf zur Seite, ohne ihn zu beachten. Dann scherte sie aus.

»Amy!« rief Buckles. »Hierher, Amy, komm hierher!«

Sie ging zögernd zwei Schritte durch die Manege, dann noch einen, und dann setzte sie sich in Trab.

»O Gott«, dachte Buckles, »sie bricht aus!«

Laut trompetend blieb sie dort, wo Bob im Dunkeln saß, stehen. Er richtete sich auf, und die Tüte mit den Zimtschnecken fiel zu Boden. »Amy . . .«, rief er leise.

Sie stieg auf die Barriere.

Schlagartig erstarrte jede Bewegung im Zirkuszelt. Es war mucksmäuschenstill. Alle hielten den Atem an. Amy stieg über die Barriere und ging in die Knie. Und dann legte sie vorsichtig ihren Kopf in Bobs Schoß. Mit der Rüsselspitze berührte sie ihn unterm Kinn, tastete sein ganzes Gesicht ab und gab ein Quieken von sich, wie sie es immer tat, wenn sie glücklich war.

»Braves Mädchen«, sagte Bob mit erstickter Stimme. »Brave Amy.«

Sie öffnete den Mund. Er streichelte ihre Zunge, wie er es früher immer getan hatte, und tief aus ihrer Kehle drang ein leises Schnurren.

Die Zuschauer erwachten langsam aus ihrer Betäubung. Sie wußten nicht, was geschah, aber sie spürten, daß etwas Außergewöhnliches im Gange war, und klatschten spontan Beifall.

Bob wandte sich Jane zu. »Sie kennt mich doch noch«, sagte er lachend und weinend zugleich.

Er war in Amys Herzen geblieben. Und sie würde für immer in seinem Herzen bleiben. Sie hatte ihn nie verlassen, und nie würde er sie verlassen – wie es mit Herzen eben so geht.

Zirkusleute leben in einer Welt voller heller, bunter Lichter, in einer Welt der Tricks, der Träume und der Illusionen. Manchmal gelingt es ihnen zu glauben, sie seien alterslos, zumindest solange die Show weitergeht. Buckles und Barbara hatten sich diesem Traum verschrieben. Eines Tages aber traten in ihrer Welt Veränderungen ein, die alles, was je Gültigkeit für sie gehabt hatte, ein für allemal beendete.

Im Winter 1999 ereigneten sich zwei Vorfälle, die Buckles zum Handeln zwangen.

Der erste Vorfall geschah an einem bitterkalten Wintertag am Hintereingang des Lincoln Center in New York, wo der Big Apple Circus sein Quartier aufgeschlagen hatte. Zwei Frauen, Mitglieder einer radikalen Tierbefreiungsgruppe, fuhren mit einem Kipper ganz nahe an den Metallzaun von Amys, Anna Mays und Neds Gehege heran und schütteten Tausende verfaulter Äpfel auf den Bürgersteig der Columbus Avenue. Bevor die Polizei kam, stellten sie noch in aller Eile Schilder

mit der Aufschrift BIG APPLE CIRCUS – FÜR TIERE
EINE FAULE SACHE auf.

Der zweite beunruhigende Zwischenfall ereignete
sich noch im selben Winter, als der Big Apple bei Prin-
ceton, New Jersey, gastierte. Es war Nacht, die Menschen
lagen in ihren Betten, die Tiere befanden sich in den
Ställen. Plötzlich zerriß eine Explosion die Stille, und
gleich darauf erleuchteten Flammen den Himmel. Das
Hauptzelt, die Wagen und Wohnwagen – alles schien
lichterloh zu brennen. Zwei Zirkusarbeiter konnten
sich nur mit knapper Not aus ihrem Wohnwagen retten. Der Brand konnte eingedämmt und schließlich
gelöscht werden. Am nächsten Morgen fand die Feuer-
wehr Reste eines Molotow-Cocktails. Wieder bekannte
sich zu dem Anschlag eine Tierbefreiungsgruppe, die
sich für gefangene Elefanten einsetzte.

Angst und Sorge ergriffen die Woodcocks und mit
ihnen den ganzen Big Apple Circus. »Ich kann mir nicht
vorstellen, daß wir weitermachen werden«, sagte Buckles zu Barbara. »Zirkuselefanten sind heutzutage poli-
tisch inkorrekt. Diese Leute werden nicht lockerlassen.
Es geht ihnen nicht nur um unsere Elefanten, es geht
ums Prinzip.«

Niemand hatte Elefanten je mehr geliebt als Barbara
Woodcock. Sie waren ihre »Kinder«. Fast dreißig Jahre
hatte sie in nächster Nähe von Anna May und später
Ned und Amy gelebt. Jetzt mußte sie sich aus Gesund-
heitsgründen mit Bildern von ihnen im Wohnwagen
begnügen.

Im Jahr 1979, im Zirkus der Ringling-Brüder in Florida, wo sie mit einem Leoparden neben sich in einer Howdah, einem indischen Elefantensitz, auf einem Elefanten ritt, hatte sie einen schweren Unfall gehabt. Buckles führte den Elefanten im Dunkeln in die Manege. Ein Kind aus dem Publikum machte eine Blitzlichtaufnahme, der Elefant scheute, und Barbara stürzte ab. Der Leopard fiel auf sie, und die Zuschauer glaubten schon, er greife sie an. »Aber er hat mich nur ganz besorgt abgeleckt«, erzählt Barbara. Sie war mit dem Steißbein auf einem Brett aufgeschlagen und hatte sich Wirbelbrüche und einen Bandscheibenriß zugezogen. Ein Chirurg entfernte später die Hälfte der Bandscheibe, übersah dabei aber einen Knochensplitter, der durch die Wirbelsäulennerven gedrungen war.

Jetzt, Jahrzehnte später, hatten sich ihre Beschwerden so verschlimmert, daß die einstmals so vitale Frau, die auf dem Rücken von Elefanten getanzt hatte, kaum noch laufen konnte. Sie brachte ihre Tage mit Erinnerungen zu. Und sie hatte Zeit zum Nachdenken. Eines Tages stellte sie Buckles die längst überfällige Frage: »Was wird aus unseren Elefanten werden, wenn du mal aufhören mußt?«

Buckles antwortete nicht. Er stand vor einem Dilemma. Seinen Platz als Trainer und Showmaster der Elefanten konnte nicht von heute auf morgen ein anderer einnehmen. Amy und Ned, inzwischen schon Teenager, aßen mit jedem Jahr mehr, kabbelten sich häufiger, machten ihre Persönlichkeit und ihre Bedürfnisse immer stärker geltend. Ned war groß, ungestüm und stur, Amy reifte heran und würde bald paarungsbereit sein. Das ständige Gezänk der beiden artete oft in regelrechte Kämpfe aus. Wer außer Buckles sollte ihnen Einhalt gebieten?

Buckles stand jeden Tag vor Tagesanbruch auf, um die Elefanten zu füttern, und arbeitete abends noch im Stall, wenn seine Zirkuskollegen längst schliefen. Er säuberte den Stall vier Mal am Tag, er bewegte die Elefanten, spritzte sie mit dem Wasserschlauch ab und probte ihre Nummer mit ihnen. Die Rechnung für die fünfzig Ballen Heu, die Karotten und die vier Tüten Kekse, die sie pro Woche verzehrten, belief sich auf vierhundertsieben Dollar, die er aus eigener Tasche bezahlte, und sie wuchs mit den Tieren mit.

Schließlich sagte er resigniert: »Ich weiß es nicht. Ich weiß nicht, was aus ihnen werden soll. Ich weiß nur, daß alles irgendwann zu Ende geht.«

Durch seine Gespräche mit Maguire wußte Bob um Buckles' Dilemma. Doch so sehr ihm Amys zukünftiges Wohlergehen am Herzen lag, wollte er sich doch nicht in anderer Leute Angelegenheiten einmischen. Eines Abends, als er darüber nachdachte, was mit Amy geschehen sollte, wenn Buckles sich vom Zirkus zurückzog, erfuhr er von einer möglichen Lösung des Problems. Sie hieß Randall Moore.

Vor langer Zeit war Randall Moore in einer Winternacht auf eine Farm für exotische Tiere gekommen, in deren Umkreis Schilder vor Löwen, Tigern und Bären warnten. Das ideale Versteck, war Moores erster Gedanke. Er hatte sein Studium abgebrochen und suchte nach einer Möglichkeit, den Wehrdienst zu umgehen, um nicht nach Vietnam geschickt zu werden.

Er bot dem Besitzer der Farm seine Dienste an. Außer Enthusiasmus und Energie hatte er nicht viel vorzuweisen, aber Morgan Berry stellte ihn ein. Es kam selten genug vor, daß ein junger Mann den Wunsch hatte, sich mit wilden Tieren abzugeben. Und Randall Moore hatte etwas an sich, das Berry in seiner Entscheidung bestärkte, etwas Sicheres, Souveränes, das ihm den Umgang mit Tieren erleichterte. Doch obwohl Moore es mit exotischen Tieren zu tun hatte, war der Job wenig reizvoll. Er mistete die Ställe aus und fütterte die Tiere – den Löwen Phil und seinen Käfiggenossen Joe, André, einen russischen Braunbären, die Mischlingsbären Sascha und Natascha, fünf indische Elefantenbullen, die als »Die fünf Thailänder« auftraten, und drei afrikanische Elefanten, Durga, Owalla und Tschombe, die wie Amy bei einem Abschuß zu Waisen geworden waren. Die Bezahlung war mager.

Elefanten zogen Moore magisch an. Er hatte großen Respekt vor ihnen, und die drei afrikanischen Elefanten reizten ihn besonders. Tschombe war ein großer, eigensinniger, fünfzehn Jahre alter Bulle mit schönen Stoßzähnen. Owalla war die Leitkuh. Sie hatte einen starken Willen und neigte dazu, den anderen mit Gewalt Disziplin beizubringen. Durga, ein sanftmütiges, fügsames jüngeres Weibchen von engelsgleichem Aussehen, hatte nur den einen Wunsch, sich mit den anderen gutzustellen.

Morgan Berry, ein älterer Mann mit einem nervösen Augenzucken, erzählte Moore gern von seltsamen Begebenheiten mit Tieren in fernen Ländern, die er bereist hatte. Einmal, als sie abends am Küchentisch saßen, beschrieb er einen Ort im ehemaligen Belgisch-Kongo, wo vor langer Zeit afrikanische Elefanten darauf abgerichtet wurden, Pflüge zu ziehen und Mahagonibäume zu roden.

»Afrikanische Elefanten?« fragte Moore. »Ich dachte, die lassen sich gar nicht abrichten.«

»Das ist offensichtlich ein Gerücht.«

»Und was ist mit Owalla, Durga und Tschombe?«

»Sieh doch mal zu, was du mit ihnen machen kannst«, sagte Berry, und Moore nahm die Herausforderung an.

Owalla lernte schnell, Tschombe brauchte ständige Bestätigung, und Durga war unsicher und langsam. Während der Wintermonate, in denen Moore die Elefanten trainierte, entwickelte er eine emotionale Bindung zu ihnen. Allmählich aber gelangte er zu der Überzeugung, daß Kunststücke ihrer Majestät Abbruch taten, und er faßte einen Vorsatz für ihre gemeinsame Zukunft: Sie hatten ein Recht darauf, nach Afrika zurückzukehren, wo sie geboren waren, und er, Randall Moore, würde sie dorthin bringen.

Er behielt diesen Traum vorerst für sich und begleitete Morgan Berry und dessen Freundin Eloise Berchtold, als sie mit ihren Elefantennummern ein Jahr lang auf Tournee gingen. Eloise dressierte Berrys indische Elefanten und trat mit ihnen im Rudi Brothers Circus auf. Eine Zeitlang faszinierte Moore dieses Leben, bald aber merkte er, daß er sich nicht dafür eignete. Die Armee brauchte er nicht mehr zu fürchten, denn inzwischen war das Losverfahren eingeführt worden, und seine hohe Nummer würde ihn höchstwahrscheinlich vor der Einberufung bewahren. Er wollte seine neugewonnene Freiheit dazu nutzen, auf wissenschaftlicher Basis mit Elefanten zu arbeiten, und dazu brauchte er eine Ausbildung.

Mitte der siebziger Jahre verließ er Morgan Berry und schrieb sich im Lehrzoo von Santa Fe in Florida ein. Schon nach kurzer Zeit hatte er sich die Philosophie und Ethik des Tierschutzes zu eigen gemacht. Er erkannte, wie eng das Schicksal des Menschen mit dem seiner Mitgeschöpfe verknüpft ist. In der Bibliothek lieh er sich alles aus, was er über afrikanische Elefanten finden konnte, und aus Neugier auf Afrika las er auch andere Bücher, wie etwa Tanja Blixens *Afrika, dunkel lockende Welt*, ein Buch, das den romantischen Wunsch in ihm weckte, diesen Teil der Welt eines Tages zu erkunden. Aber er war ein rastloser Mensch, der es nie lange bei einer Sache aushielt. Bald verließ er den Lehrzoo wieder, um an einem Projekt in Mexiko mitzuarbeiten, das sich mit dem Studium einer gefährdeten Schildkrötenart befaßte. Ein tragisches Ereignis aber führte ihn auf Berrys Farm zurück.

Eines Tages wurde Morgan Berry von einem seiner indischen Elefanten, einem Bullen namens Buddha, getötet, und Moore kehrte auf die Farm zurück, um sich um die Tiere zu kümmern. Berrys Rechtsanwalt und Testamentsvollstrecker empfing ihn mit dem Angebot, die Farm mitsamt den Tieren zu kaufen.

»Das kann ich mir nicht leisten«, sagte Moore, als er den Preis erfuhr. »Ich kann mir überhaupt nichts leisten.« Aber er war der einzige, der die Tiere kannte.

»Dann werden die Tiere an Zoos verkauft.«

»Nein, bitte keine Zoos oder Zirkusse.«

»Was dann?«

»Ich weiß auch nicht. Ich will nur, daß sie es gut haben«, sagte Moore. »Ich möchte Owalla, Tschombe und Durga nach Afrika zurückbringen.« Aber die drei Elefanten sollten zusammen fünfzigtausend Dollar kosten.

»Ich rede nicht von allen Elefanten. Ich meine nur diese drei. Ich kenne sie. Sie sind meine Freunde. Es sind Waisen, und ich will nicht, daß sie in einem Zoo oder einem Zirkus landen.« Das war die Chance, für die Elefanten *und* für ihn. Ein einziges Mal wollte er zu Ende bringen, was er sich vorgenommen hatte. Bring sie nach Afrika zurück, sagte er sich, und gib ihnen die Freiheit wieder!

»Sie haben zwei Wochen Zeit«, erklärte ihm der Anwalt. »Danach werden die Tiere gegen Höchstgebot verkauft.«

Von einer Telefonzelle aus rief Moore einen Bekannten an, den Herausgeber eines New Yorker Magazins, der ihn an den Produzenten der Fernsehsendung *The American Sportsman* bei ABC weiterverwies. Moore versuchte, ihm seine Idee am Telefon schmackhaft zu machen. Nach längerem Schweigen fragte der Produzent: »Ist das Ihr Ernst?«

»Ja, Sir.«

»Ich soll also Roone Arledge bitten, drei Elefanten zu kaufen und sie nach Afrika zu verfrachten?«

»Genau das.«

»Sie müssen verrückt sein. Aber vielleicht ist die Sache so verrückt, daß es schon wieder eine gute Idee ist. Ich brauche immer neue Themen.«

»Und ich brauche einen Sponsor.«

Der Produzent überlegte. Im Sommer zuvor hatte er mit einem Naturforscher, einem Fotografen und einem Tourismusunternehmer in Kenia am Lagerfeuer gesessen, und der Unternehmer hatte beiläufig gesagt: »Wäre es nicht schön, wenn wir hier draußen Elefanten hätten, und die Touristen könnten sich die wilden Tiere vom Elefantenrücken aus ansehen?«

Seitdem war dem Produzenten der Gedanke nicht mehr aus dem Kopf gegangen.

»Was sagen Sie dazu?« fragte Moore.

»Okay, wir machen's!«

Moore bekam einen Zweijahresvertrag, in dem ihm auch die Übernahme des Kaufpreises für die drei Elefanten und aller sonstigen Kosten zugesichert wurde. Das Abenteuer konnte beginnen.

Mit seiner nagelneuen *American-Sportsman*-Kreditkarte kaufte Moore Schaufeln, Besen und Heuballen und mietete einen Sattelschlepper, um die Elefanten zu einer

Viehranch bei Tampico in Mexiko zu bringen, die man ihm als Durchgangsstation vor der Seereise nach Afrika kostenlos zur Verfügung stellte. Owalla, Tschombe und Durga mußten nun lernen, Menschen auf ihrem Rücken zu tragen, eine Fähigkeit, die Moore helfen würde, sie wieder in der afrikanischen Wildnis heimisch zu machen.

Am festgesetzten Tag verließ der Frachter *Mormaclynx* den Pier am East River in Brooklyn. Drei Elefanten in offenen Stahlcontainern befanden sich an Bord. Moore hatte in seinem Koffer Visa, Gesundheitszeugnisse und die Zusage hoher Beamter, daß er seine Elefanten nach Kenia an der Ostküste Afrikas bringen dürfe. Die sechsunddreißigtägige Reise um das Kap der Guten Hoffnung herum begann im New Yorker Hafen mit dem Anblick der Freiheitsstatue und der Aussicht auf die Verwirklichung von Moores Traum.

Eines Tages durchschnitt vor Kapstadt ein Schwarm von sieben Grindwalen die aufgewühlte See. Wasserspeiend schwammen sie neben dem Schiff her, so daß die Elefanten in ihren Containern auf Deck sie sehen konnten. Aufgeregt streckten sie die Rüssel hoch und gaben gutturale Laute von sich, und als einer der Wale auf einer Welle fast in ihre Reichweite gelangte, stieß Owalla ein lautes Trompeten aus. Moore war überzeugt, daß die beiden Tierarten miteinander kommunizierten.

Als sie schließlich in dem kenianischen Hafen Mombasa festmachten, erlebten sie eine böse Überraschung. In Begleitung bewaffneter Bodyguards kam ein Minister der kenianischen Regierung an Bord. Er trug ein Elfenbeinarmband und hatte einen Spazierstock aus geschnitztem Elfenbein bei sich. Das erste, was er von sich gab, war eine Schmiergeldforderung – andernfalls dürften die Elefanten in Kenia nicht an Land.

»Entweder Sie zahlen, oder Sie müssen wieder zurück.«

»Das sind achttausend Meilen!«

Nach einigen transatlantischen Telefonaten konnten die Elefanten schließlich an Land, wurden aber am Rand des Tsavo-Nationalparks praktisch unter Hausarrest gestellt. Vier Monate lang bat Moore die Behörden, sich an die Abmachung zu halten. Während er Vorbereitungen für den Aufbruch in die Wildnis traf, zog Tschombe sich durch den Genuß von abgestandenem Wasser eine Salmonellose zu und starb.

Es war ein furchtbarer Schlag für Moore. »Tschombes Tod hat mich schwer getroffen«, erinnert er sich, »und es hat lange gedauert, bis ich darüber hinweggekommen bin.«

Nach all seinen wohlgemeinten Mühen fragte er sich jetzt, was er letztlich Positives erreicht hatte. Bislang hatte er wenig vorzuweisen.

Er begrub Tschombe und wartete auf die Genehmigung, lange genug in Kenia bleiben zu dürfen, um Owalla und Durga in die Wildnis zurückzubringen. Schließlich kam der Bescheid. Er wurde mit Owalla und Durga ausgewiesen und durfte kenianischen Boden nicht wieder betreten.

»Ihre Elefanten sind in Südafrika geboren und damit

für Kenia ungeeignet«, beschied ihm ein Angestellter der Behörde.

Moore sah ihn ungläubig an. »Allmählich wundert mich gar nichts mehr«, sagte er. Er machte sich für die Schiffsreise fertig, die ihn und seine Fracht die Ostküste Afrikas entlangführen sollte.

Doch als das Schiff in Südafrika eintraf, wurde er von den Hafenbehörden aufgefordert, einer drohenden Ausbreitung der Maul- und Klauenseuche wegen mit seinen Elefanten an Bord zu bleiben und weiterzureisen.

»Elefanten übertragen diese Krankheit nicht«, erklärte Moore. »Sie können mich also bedenkenlos einreisen lassen.«

»Ein Jahr Quarantäne in einem maul- und klauenseuchenfreien Land, dann können Sie mit den Tieren wiederkommen.«

»In welchem Land?«

»Da gibt es mehrere, die USA zum Beispiel.«

»Da komme ich doch her.«

»Dann finden Sie ja den Weg zurück.«

Jetzt verstand er, warum noch nie jemand versucht hatte, Elefanten nach Afrika zurückzubringen.

Nach einem Jahr Quarantäne in der Nähe von Washington, D.C., erklärte sich der südafrikanische Botschafter in Washington bereit, Moore zu helfen. Der *American Sportsman* trat erneut als Sponsor auf, und so gingen Durga und Owalla mit einem einwandfreien Gesundheitszeugnis zum zweiten Mal an Bord eines Frachters. Dreißigtausend Meilen hatte Moore mit seinen Ausgestoßenen nun zurückgelegt. Allmählich ging ihm die Kraft aus. Es war seine letzte Chance. Doch diesmal hatte er Glück. Die schwarzen Südafrikaner empfingen Owalla und Durga mit offenen Armen.

Moores Plan sah vor, die Elefanten im Nationalpark Pilanesberg, in dem die Aufseher Ersatzmütter für außer Kontrolle geratene, verwaiste Bullen suchten, in die Wildnis zu entlassen. Er wagte den Versuch, den noch niemand vor ihm unternommen hatte, und brachte seine Elefanten in das Reservat. Nach Jahren der Gefangenschaft, in denen sie Heu und fluorisiertes Wasser aus einem Schlauch bekommen hatten, ernährten sie sich nun schon bald von der natürlichen Vegetation und tranken aus Bächen und Seen. Eines Abends, als Moore auf Owallas Rücken mit seinen beiden Elefanten unterwegs war, spreizte die weit vor ihm laufende Durga plötzlich die Ohren ab und stieß einen Schrei aus. Sie stand vor einem großen Nashornweibchen und seinem Kalb. »Ruhig, ganz ruhig«, rief Moore. Mit gesenktem Kopf und wehenden Ohren stürmte Durga trompetend auf die beiden zu und war bald außer Sicht. Moore folgte ihr auf Owalla, und als sie durch eine Akaziengruppe brachen, sah er sie wieder, noch immer laut trompetend, während das Nashorn mit seinem Kind in der Ferne verschwand.

Moore lobte seine Elefanten überschwenglich, weil sie dem einzigen Tier in Pilanesberg, das ihnen gefährlich werden konnte, die Stirn geboten hatten.

Ganz allmählich, Tag für Tag, ließ er ihnen mehr Freiheit, und schließlich durften sie allein losziehen.

Abends kehrten sie ins Camp zurück, und morgens brachen sie wieder auf, um die Wildnis zu erkunden. Die Regenzeit setzte ein und ging vorüber, und eines Abends kamen sie nicht mehr zurück.

Moore machte sich auf die Suche nach ihnen. Er fürchtete, sie könnten Wilderern zum Opfer gefallen sein. Kurz vor Einbruch der Dunkelheit glaubte er einen Elefantenruf zu hören. Er kletterte auf einen Felsblock und blickte von dort oben in ein schmales, abgeschiedenes Tal. Angestrengt horchte er in die Stille und glaubte schon, seine Phantasie habe ihm einen Streich gespielt, da hörte er den Laut von neuem. Er suchte den Horizont ab, und schließlich sah er Durga und Owalla mit drei wilden Elefantenbullen friedlich weidend im hohen Gras stehen. Owalla schaute zu ihm her, als warte sie auf ein Kommando.

Es gibt keine Kommandos mehr, dachte Moore. Das ist unser Abschied für immer.

Bald darauf verschwanden die Elefanten in der Dämmerung.

Dieses eine Mal hatte Moore zu Ende geführt, was er angefangen hatte. Es war eine neue Erfahrung, die ihn veränderte. Und es war eine sinnvolle Beschäftigung. Warum sollte er nicht weitermachen?

Er kehrte nach Amerika zurück, um noch mehr gefangene Elefanten in ihre Heimat zu bringen. Bei einem Farmer fand er einen schönen, majestätischen Bullen namens Abu. Er war in einem dunklen Stall eingesperrt und lag mit dem Kopf in seinem Kot auf dem Betonboden. Moore kaufte ihn vom Fleck weg und verwendete dazu einen Teil der Spendengelder, die er nach dem Erfolg seines ersten Experiments in Südafrika gesammelt hatte. Der Zoo von Fort Worth schenkte ihm einen schlappohrigen, traurigen Elefanten namens Benny, den niemand haben wollte. Einer seiner Stoßzähne war abgebrochen, der andere vom Scheuern an der Käfigwand nur noch ein Stummel. Zu guter Letzt kaufte Moore einem Safaripark bei Toronto Cathy und Sammy ab, zwei afrikanische Waisen. Sammy war völlig verwahrlost, aber Cathy war eine starke Leitkuh mit engelsgleicher Miene, wie Moore fand.

Mit hochgespannten Erwartungen schiffte er sich mit seinen neuen Tieren in Savannah auf einem Frachter ein. Er baute auf seine Erfahrungen in Südafrika, wo Medien und Öffentlichkeit seinen Elefanten einen begeisterten Empfang bereitet hatten. Doch als er diesmal in Durban ankam, war niemand zur Begrüßung erschienen. Die Rückführung afrikanischer Elefanten in ihre Heimat hatte den Reiz des Neuen verloren. Wieder einmal war Moore auf sich allein gestellt.

Zusammen mit einem Tourismusunternehmen entwarf er den Plan einer Zwischenstation für afrikanische Elefanten zwischen Gefangenschaft und Freiheit. Und warum sollte er nicht auch seinen neuen Elefanten beibringen, Touristen auf ihrem Rücken zu tragen, während sie sich an das Leben in freier Wildbahn gewöhnten? Den Leitern eines Öko-Touristikunternehmens gefiel die Idee, und sie erklärten sich bereit, ihm für eine zehnwöchige Testphase ein Gelände in Botswana zur Verfügung zu stellen.

Auf dem Rücken seiner Elefanten legte Moore innerhalb von acht Tagen über zweihundert Meilen zurück. Er durchquerte die Wüste Kalahari und gelangte in ein Gebiet mit Pelikanen, Störchen und Kranichen, zahllosen Gänsen und Enten und Hunderten verschiedener Buschvögel. Die Elefanten wanderten durch Tierherden hindurch – Zebras, Büffel und Giraffen, Impalas, Riedböcke, Lechwe- und Tssesebe-Antilopen — und aßen unterwegs die verschiedensten für sie neuen Gewächse. Endlich erreichten sie das Okawango-Delta, »das letzte Paradies«, wie es in vielen Reiseführern genannt wird.

Am Ufer einer Lagune schlug Moore ein Zelt auf und nannte das Lager »Abu's Camp«.

Um ganz sicherzugehen, worauf er sich mit Randall Moore einließ, rief Bob Army Maguire an.

»Ich kenne ihn nicht persönlich«, sagte Maguire, »aber ich weiß, was er in Afrika geleistet hat.«

»Was würden Sie mir raten? Glauben Sie, Amy wäre dort gut aufgehoben?«

»Auf jeden Fall«, erwiderte Maguire, ohne einen Augenblick zu zögern.

Mehr brauchte Bob nicht zu wissen.

Buckles wollte, daß Bob entschied, was mit Amy geschehen sollte, das glaubte er ihm schuldig zu sein. Für ihn war Amy noch immer Bobs Elefant. Bob hatte sie großgezogen und zu dem gemacht, was sie jetzt war. Und die Zeit drängte. Der Big Apple Circus hatte angekündigt, daß Buckles zum Ende des Sommers 2000 aufhören werde, und bis dahin war es nicht mehr allzu lange. Ned würde im Ringling-Zirkus unterkommen, Anna May wollten die Woodcocks auf ihre Farm in Florida mitnehmen. Was mit Amy geschehen würde, wußte Buckles nicht; vielleicht würde ein Zoo oder ein anderer Zirkus sie kaufen.

Eines Abends – der Big Apple befand sich wieder in seinem Heimatquartier im Lincoln Center – klingelte in Buckles' Wohnwagen das Handy. Buckles hörte eine Stimme, die von weit her zu kommen schien. Es klang wie ein Flüstern durch einen langen Tunnel.

»Mein Name ist Randall Moore«, sagte der Anrufer.

»Randall Moore? Ich habe von Ihnen gehört.«

Über einen Ozean hinweg unterhielten sich die beiden Männer eine Weile über Elefanten und Elefantenleute im allgemeinen. Namen von Elefanten wurden ausgetauscht wie die Namen von Freunden oder Studienkollegen. Wo Flora jetzt sei, wie es ihr gehe. Und der große Bulle Tembo? Der sei in München. Und Matadi und Jimmy? Angelegentlich erkundigte Moore sich auch nach Anna May; er wußte, wieviel sie Buckles bedeutete.

Buckles begann sich schon nach dem Grund des Anrufs zu fragen, als Moore sagte: »Ich habe auch viel von Ihrer Amy gehört.«

»So? Was haben Sie denn da gehört, Mr. Moore?«

»Daß Sie jemanden suchen, bei dem sie es gut hat.«

»Kann schon sein. Worauf wollen Sie hinaus?«

»Ich würde sie gern hierher holen, wo sie geboren

ist«, sagte Moore. »Amy hat ja offenbar eine ziemliche Odyssee hinter sich. Hier wäre sie gut aufgehoben, und sie hat das Beste vom Besten verdient.«

Die beiden Männer erörterten Finanzierung und Logistik, und als sie schließlich auflegten, war Amys Rückkehr nach Afrika beschlossene Sache.

Das Schicksal hatte Amy zugedacht, als einzige ihrer Familie zu überleben. Es hatte sie in die fremde Welt der Menschen geführt. Sie tat, was man von ihr verlangte, und noch mehr. Sie war ein umgängliches, liebes und sanftes Tier, vertraut mit menschlichem Verhalten. Ihre Neugier bezwang jeden Ärger, jeden Groll, jedes negative Gefühl, das in ihr aufkommen mochte. Sie besaß eine Art Würde und schien zu wissen, daß sie kein Opfer mehr war. Es war, als würde sie von einem inneren Leuchten geleitet und geschützt.

Als Buckles beim Zirkus aufhörte, nahmen die Woodcocks sie zunächst mit auf ihre Farm in Florida. Ned war bereits beim Ringling-Zirkus, Anna May weidete zwischen Fächerpalmen im grünen Gras und erholte sich von vierzig Jahren Arbeit. Sie ruhte in sich und strahlte diese Ruhe aus.

Amy dagegen kam in ein Alter, in dem der Ruf uralter Sehnsüchte in ihr lauter wurde. Sie mußte sich einer Herde anschließen und mit ihr wandern, sie mußte ihre mittleren Jahre und ihr Alter unter ihresgleichen verbringen. Das alles würde in Afrika stattfinden. Was würde sie alles zu erzählen haben, wenn sie dorthin zurückkehrte! Und was würde ihre Geschichte aussagen?

Simple Wahrheiten vermutlich: daß das Leben lebenswert ist. Daß es Gut und Böse gibt. Daß man die Wahl hat, welche Rolle man im Drama des eigenen Lebens übernehmen will. Und wenn man eine gute Wahl trifft, dann wird dieses Leben aller Wahrscheinlichkeit nach glücklich sein.

Was für eine schöne Geschichte würde die Geschichtenerzählerin in Afrika zu erzählen haben!

Bob reitet jetzt ein anderes Pferd, einen verspielten jungen Hengst, der meilenweit die Zäune entlang wandern kann, ohne zu ermüden. Er war noch nicht geboren, als Bob mit Amy, Big Bob, Butch und Jo zusammen unterwegs war. Bob ist nach allem, was geschehen ist, zufrieden, wenn ihn auch manchmal die Gewißheit, daß so etwas nie wieder kommen wird, ein wenig traurig macht. Ein Tier wie Amy ist einzigartig. »Ich kann gar nicht sagen, wieviel sie mir bedeutet hat«, sagt er. Bob ist jetzt alt, und wenn er auf sein Leben zurückblickt, leuchtet Amy darin wie ein Stern.

Manchmal warten Geschichten nur darauf, entdeckt zu werden. Die Geschichte von Bob und Amy entdeckte ich während eines Besuchs bei meiner Schwiegermutter. Auf ihrem Küchentisch lag ein großes Foto von einem Cowboy mit Stulpen auf einem Pferd, daneben ein Elefantenbaby, das dem Pferd nicht einmal bis zur Flanke reichte. »Ach, das ist mein Freund Bob Norris mit seinem Elefanten«, sagte meine Schwiegermutter. Es klang, als hätten alle ihre Freunde Elefanten.

Wenig später rief ich Bob an, stellte mich vor, und fragte ihn, ob es stimme, daß er einmal einen verwaisten Elefanten bei sich aufgenommen habe. Anfangs rief seine Stimme Bilder des alten Westens in mir wach, und im Verlauf des Gesprächs gewann ich den Eindruck, daß ich es mit einem außergewöhnlichen Menschen zu tun hatte, der einen unverwechselbaren, im Verschwinden begriffenen Teil der amerikanischen Wirklichkeit symbolisierte. Ja, sagte er, alles an der

Geschichte von ihm und Amy sei wahr, bis in die kleinste Einzelheit. Da ich annahm, daß andere ebenso neugierig auf diese eigenartige Beziehung waren wie ich, beschloß ich, ein Buch darüber zu schreiben, und begann mit den Recherchen. Zunächst fuhr ich mehrmals für längere Zeit nach Colorado, um mit Bob, Jane und den Helfern auf der T-Cross-Ranch zusammenzusein. Bob widmete meinen Fragen viel Zeit und Geduld und ließ sein Leben mit Amy noch einmal nach bestem Vermögen Revue passieren.

Buckles und Barbara Woodcock erlaubten mir, mit ihnen und dem Big Apple Circus zu reisen: Buckles' Gesellschaft und die Geschichte des Zirkus, die er im Kopf mit sich herumträgt, bescherten mir viele angenehme, lehrreiche Tage. Die Zirkusleitung gewährte mir jeden Einblick, den ich mir nur wünschen konnte.

Auf einer Reise nach Afrika zeigte mir Randall Moore Teile des Kontinents, die ich noch nicht kannte. Ich hatte Anfang der siebziger Jahre als Korrespondent für *Newsweek* und Anfang der achtziger als Buchautor drei Jahre in Nairobi gelebt. Damals war ich beruflich sehr oft in Schwarzafrika unterwegs gewesen und hatte ständig nach Vorwänden gesucht, mich in der Nähe von Elefanten aufhalten zu können, die mich seit langem faszinierten. Ich habe mich mit diesen Tieren in den Jahren in Afrika nicht wissenschaftlich befaßt; damals wie heute hatte ich nicht die Voraussetzungen dafür. Doch ich beobachtete sie, wie jeder andere es auch tun würde, und ich unterhielt mich mit Leuten, die sie studierten, die sie jagten und mit ihnen lebten.

Während der Recherchen zu diesem Buch stellte mir Randall Moore in Botswana ein Zelt in seinem Abu's Camp im Okawango-Delta zur Verfügung. Dort konnte ich seine Elefanten aus nächster Nähe beobachten. Ich sah mir auch Elefanten in freier Wildbahn an und erfuhr in langen Gesprächen mit Moore, seinen Elefantentreibern und seinen Trainern und auch mit Jägern am Lagerfeuer viel Wissenswertes. Besonders Moores Sachkenntnis und seine langjährige Erfahrung mit Elefanten waren für mich von unschätzbarem Wert.

In Simbabwe war ich Gast von Buck und Rita de Vries auf ihrer Farm im Gwai-Tal. Buck machte mich mit Siwelo Bwathlomoy Dingani und einigen der Tonga bekannt, mit denen er befreundet ist. Er war eine ergiebige Quelle, was Elefanten im allgemeinen, den Abschuß und speziell Amys Kindheit angeht, und seine Freundlichkeit und Großzügigkeit werden mir lange in Erinnerung bleiben. Er brachte mich mit Elefantenforschern und anderen Zoologen und mit den Beamten der Jagdbehörde zusammen, die den Abschuß, der Amy zum Waisenkind machte, durchgeführt hatten. Sie halfen mir, ein recht genaues Bild von Amys Familie und ihren letzten Tagen zu zeichnen.

Und schließlich habe ich viel Zeit mit Amy verbracht. Es war ein reines Vergnügen, sie zu beobachten, bei ihr zu sitzen, mit ihr zu kommunizieren. Sie ist ein bemerkenswertes Geschöpf. In Botswana hat sie eine große Zukunft vor sich, auf die sie sich freuen kann: Wenn ihre Zeit in Abu's Camp um ist, wird man sie in die Wildnis entlassen.

DANKSAGUNG

Danken möchte ich Abercrombie & Kent, Oak Park, Illinois – Christa Bradsch, Rosemary Kinyanjui von der A&K Foundation und Jory Kent – für ihre engagierte Mitarbeit und ihre Freundlichkeit Amy gegenüber.

Und wie immer gilt meine Liebe und unendliche Wertschätzung meiner Frau Charlie, die von vornherein an diese Erzählung geglaubt und das Buch in Schwung gehalten hat, wie sie es auch mit dem Autor zu tun pflegt – mit Humor, Toleranz und Liebe.

Michael Birnbaum

Die schwarze Sonne Afrikas

359 Seiten. Serie Piper

In seinem vielschichtigen Buch berichtet Michael Birnbaum aus dem heutigen Afrika, wie er es auf seinen Reportagereisen erlebt hat. Er erzählt von Gri-Gris und Wunderheilern, von Hunger und ewiger Gewalt, aber auch vom Heldentum der »Wüstenblumen«. Eindrücklich schildert er Afrikas Widersprüche und Gegensätze zwischen überquellendem Reichtum und bitterer Armut und beschreibt grandiose Naturschauspiele ebenso wie die Verwüstung der Landschaft durch Sonne und Regen. Birnbaums unmittelbarer Blick führt mitten hinein in die fremde Welt des dunklen Kontinents.

»Birnbaum erzählt vom Leben und Arbeiten eines Journalisten auf einem Kontinent, der mehr Fragen aufwirft, als er Antworten zu geben bereit ist.«
Frankfurter Allgemeine Zeitung

John David Morley

Nach dem Monsun

Eine Kindheit in den britischen Kolonien. Aus dem Englischen von Bernd Rullkötter. 287 Seiten. Serie Piper

Fünf-Uhr-Tee im Garten, malaiische Kindermädchen und Schlangen im regennassen Gras: David wächst als Sohn eines Kolonialbeamten in Singapur und Westafrika auf – bis er den warmen Tropenregen, die Häuser auf Stelzen und das verwilderte Leben eines Kolonialkindes eintauschen muß gegen die strenge Disziplin eines Internats im Süden Englands. John David Morley erweckt Bilder der Sehnsucht, die an E. M. Forster und Michael Ondaatje erinnern.

»John David Morley macht sich auf die Suche nach dem verlorenen Glück in einer verlorenen Zeit. Ein seltener Lektüregenuß, unter dem beim Leser die Erinnerung an die eigene Kindheit wieder lebendig wird.«
Johannes Willms

Lieve Joris
Mali Blues

*Ein afrikanisches Tagebuch. Aus
dem Niederländischen von Ira
Wilhelm und Jaap Grave.
313 Seiten. Serie Piper*

Was macht Lieve Joris' Erzählungen über fremde Länder so
besonders berührend? Sie *lebt*
mit den Menschen an den Orten, bevor sie über sie schreibt.
Die Afrikaner, die sie auf ihren
Reisen trifft, sind Überlebenskünstler, die Zauberei, Tradition und Moderne zu vereinbaren wissen. Der politischen
Unfähigkeit ihrer Regierungen
bewußt, nehmen sie mit Mut
und viel Humor ihr Leben
selbst in die Hand – wie der
junge Amadou aus einer kleinen Stadt am Ufer des Senegal,
der sich als einziger Besitzer
eines Fernsehapparats in seiner
Nachbarschaft eine gute Einnahmequelle verschafft hat.
Oder der Schulinspektor Sass,
mit dem die Autorin die Wüste
Südmauretaniens durchqueren
will und der erst einmal warten
muß, bis ein paar pfiffige Automechaniker auf Kamelen angeritten kommen und seinen
Toyota reparieren. Lieve Joris
schildert die Hoffnung und die
Poesie dieses Kontinents.

Lieve Joris
Die Tore von Damaskus

*Eine arabische Reise. Aus dem
Niederländischen von Barbara
Heller. 301 Seiten. Serie Piper*

Wie ein Roman liest sich die
Geschichte der jungen syrischen Soziologin Hala, die mit
ihrer Tochter Asma allein in
Damaskus lebt. Zwölf Jahre
zuvor hatte die Geheimpolizei
bei einer Razzia Halas Wohnung gestürmt und ihren
Mann Ahmed verhaftet – er
war Marxist. Halas Leben
wird nun bestimmt von der
konservativen Familie ihres
Mannes, der wechselhaften Tagespolitik und ihrem eigenen
Wunsch nach einem selbständigen, unabhängigen Leben.
Lieve Joris begleitet sie auf
ihren Fahrten kreuz und quer
durchs Land, wo sich karge
Wüstenlandschaften und üppige Oasen abwechseln, modernste Großstädte und kleine
Dörfer. Hinter dieser farbenprächtigen Welt verbirgt sich
jedoch Halas Lebenstragödie,
denn längst hat sie aufgehört,
ihren Mann zu lieben. Nun
aber steht eine Amnestie bevor
und damit auch die Rückkehr
von Ahmed ...

SERIE PIPER

Nicolas Vanier

Die weiße Odyssee

Aus dem Französischen von
Reiner Pfleiderer. 318 Seiten mit
42 Farbfotos. Serie Piper

Nicolas Vanier hat sich seinen Traum erfüllt, als erster allein mit seinen Schlittenhunden vom Pazifik bis zum Atlantik zu fahren: 8600 Kilometer quer über den Kontinent. Sein Bericht ist nicht nur ein packendes Leseabenteuer – es ist auch die Geschichte einer unerschütterlichen Freundschaft zwischen einem Menschen und seinen Hunden, die sich in der Auseinandersetzung mit einer gnadenlosen Natur bewährt.

»Von den Strapazen der Fahrt berichtet Vanier in seinem Buch, von ihrem beinahe fatalen Ausgang, aber auch von der Weite und Schönheit der Landschaft im Norden. Vanier ist mehr als ein Draufgänger, er kann blendend erzählen. Ein moderner Jack London.«
Focus

Jamie Zeppa

Mein Leben in Bhutan

Als Frau im Land der Götter. Aus
dem Englischen von Karina Of.
367 Seiten mit 15 Farbfotos.
Serie Piper

Die junge Kanadierin Jamie ist neugierig und mutig genug, das zu tun, wovon viele nur träumen: Sie geht als Lehrerin in das atemberaubend exotische Land Bhutan ... Eine sinnliche Liebeserklärung an das buddhistische Königreich im Himalaja – und der spannende Bericht eines außergewöhnlichen Frauenlebens.

»Jamie Zeppa beschreibt anschaulich und mit einer gehörigen Portion Selbstironie, wie sie sich vertraut macht mit Kultur und Religion und der eindrucksvollen Schönheit der Natur und wie sie lernt, den Mißständen des Alltags mit Humor zu begegnen.«
Die Zeit